나를
살리는

철학

나를
살리는

철학

오래된 지혜가
오늘의 나에게
답하다

알베르트 키츨러 | 최지수 옮김
ALBERT KITZLER

클레이하우스
CLAYHOUSE

"인생 최고의 행복은 정신적 안정에 있다."

에피쿠로스

"평온함 없는 성전은 신도 떠난다."

고대 이집트 격언

"침착하고 고요하게, 행복에 겨워 걷는다."

『우파니샤드』

"사는 법을 아는 사람은 평온하고 조용하게 오래 산다."

황제

.

"격앙한 감정은 결국 파멸로 향한다."

장자

"현자는 침착하고 태연하나, 나머지는 걱정과 혼란 속에서 살아간다."

공자

"평온함 속에 뜻이 있는 이는 신조차도 부러워한다."

부처

고대의 지혜를 전하는 나의 철학자

"평안히 살고자 하는 자는
   평온을 해치는 생각이 어리석다는 걸
   스스로 깨달아야 한다."
   — 키케로

내 이름은 중요하지 않으니 익명으로 두려고 한다. 내가 누구인지 밝혀 우리 상담소를 특정하면 당사자나 지인이 알아차릴 수도 있기 때문이다.

　이 책을 어떻게 집필하게 됐는지부터 먼저 이야기하고 넘어가는 게 좋겠다. 『나를 살리는 철학』은 책이라기보다는 일종의 면담 기록서다. 창작한 글이 아니라 상담소에서 상담자와 내담자가 나눈 대화를 옆에서 듣고 메모해둔 이야기들이다. 오랫동안 내 책상 서랍에 넣어둔 채 공개할 생각조차 하지 않고 꺼내 보지도 않았다. 지극히 사적인 면담 내용을 불특정 다수의 대중에게 내보인다는 생각은 그동안 차마 하지 못했다. 책으로 엮고 싶다는 생각이 들다가도 양심의 가책을 느껴서 그러지 못했다. 하지만 결국 이렇게 공개하게 된 데는 다음과 같은 사연이 있다.

나는 무려 18년간 '인생 상담사'의 비서로 일했다. 인생 상담사인 그녀를 지금부터 '디오티마'라고 부르겠다. 그녀가 이따금 디오티마라는 인물을 매우 존경 어린 목소리로 언급했기 때문이다. 디오티마라는 캐릭터는 고대 그리스에서 지혜롭고 신성한 여성으로 묘사되곤 했다. 디오티마는 상담 일을 하기 전 오랫동안 해외 출장이 잦은 일을 했다. 그녀는 나라 이름만 대면 그 나라의 특징을 줄줄이 읊었다. 흥미롭고 새로운 걸 경험하는 날들을 만끽하던 시절이었다.

그러던 어느 날 여행과 일은 이만하면 할 만큼 했다고 느낀 그녀는 완전히 다른 일을 해보겠다고 결심했고, 지금 장소에 인생에 관해 여러 조언을 건네는 철학 상담소를 열었다. 나는 사실 그때까지 삶에서 특정한 문제를 겪는 사람이 그렇게나 많으리라고는 상상도 하지 못했다. 시간이 지나면서 그녀는 점점 명성을 얻었고, 소문을 듣고 조언을 구하려는 사람들이 전 세계 곳곳에서 찾아오기 시작했다. 디오티마는 심리 치료사 자격증을 딴 것도 아니고 영적인 인도자 코스를 밟은 것도 아니었다. 철학, 특히 고대 실천철학에 대한 열정을 일로 삼았을 뿐이었다.

하지만 명시적으로 '철학'이라고 부르기보다는 언제나 '지혜'라 불렀다. 사실상 철학이라는 말 자체가 '지혜를 향한 사랑'을 뜻하니 지혜 또한 철학의 일부라 볼 수 있을 테다. 디오티마는 항상 성공적인 삶을 살기 위해 알아야 하는 모든 것은 아주 먼 과거에 이미 정립되었고, 심지어 인류 역사상 다른 어느 시대보다도 더 깊고, 더 명확하고, 더 폭넓게 논의되었다고 말했다. 그녀의 관점은 상담소가 성공을 거둠으로써 사실로 입증되었다.

흥미로웠던 건 디오티마가 서양 전통, 그리스 로마의 고대 철학뿐 아니라 중국, 인도, 이집트를 비롯한 동양 철학에서도 많은 지혜의 가르침을 가져와 응용한다는 것이었다. 그녀는 깊은 생각이 있는 곳이라면 어디에서든 비슷한 삶의 가르침을 만날 수 있다고 말했다. **시대가 바뀌어도 인간 삶의 양상은 비슷하기 때문에 고대의 지혜에서 현재의 삶을 살아가는 데 필요한 가르침을 찾을 수 있다고 확신했다.**

디오티마는 서점에 가보면 현대적인 책만 가득하고 고대 철학자에 관한 책은 없다고 말했다. 그게 바로 디오티마가 고대의 철학자, 시인, 사상가, 성인의 지혜를 더욱 널리 알리고자 애쓴 이유였다. 그녀는 자신의 철학은 새로운 것을 만들어내는 게 아니라, 고대 사상가들의 오래된 가르침을 이어받고 사랑하고 보존하는 데 초점이 맞춰져 있다고 말했다. 현대 사상가들과 마찬가지로 고대 사상가들의 가르침 역시 인간의 본성, 욕구, 감정, 두려움에 관한 가르침이며, 이런 것들은 지난 5천 년 역사 동안 변하지 않았다는 것이다. 따라서 고대 철학자들의 가르침을 현대인에게 적용하는 데는 아무런 무리가 없다. 중요한 건 고대의 지혜를 역사적, 문화적, 종교적, 경제적 배경에 따라 적절하게 응용하는 것이다.

고대의 지혜에는 그동안 거쳐온 수많은 삶의 경험이 축적되어 있기에 그 핵심은 인류 보편적이면서 영구적이라고 디오티마는 말했다. 고대 지혜는 현대에 와서도 여전히 무게를 잴 수 없는 가치를 지닌다. 기본적으로 고대 지혜는 오래되었다고 여겨지고, 사람들은 항상 새로운 걸 원한다. 그러니 오래전의 텍스트를 잘 번역하고 언어, 사고, 삶에 대한 태도, 각 시대의 여건과 생활환경에 따라 제대로 꾸려 알리는 게 중요하다.

그녀도 오랫동안 옛 텍스트를 번역하는 작업에 몰두했다. 오래된 지혜는 갈수록 잊혀가는 것이 안타까운 현실이지만, 그래도 예리한 몇몇 연구가들이 나서서 명맥을 잇고 분석하고 재발견하고 있다. 디오티마에 따르면 고대 현자들도 마찬가지 방법으로 지혜를 재발견하고 그것을 후대에 넘겨주었다.

나는 디오티마가 수많은 내담자와 상담하면서 언급한 고대의 지혜를 곁에서 들으며 배웠다. 디오티마 역시 상담을 하면서 고대의 지혜를 다시 찾아보았다고 한다. 내담자와 나누는 대화에서 고대 사상가, 시인, 현자, 성인 외의 인물은 거의 언급되지 않았다. 소크라테스, 플라톤, 아리스토텔레스, 에피쿠로스와 같이 모두가 다 아는 철학 거장들뿐 아니라 세네카, 에픽테토스, 마르쿠스 아우렐리우스처럼 널리 알려지지는 않은 스토아 철학자들이 남긴 말도 언급했다. 고대 중국 철학자인 공자와 노자의 말도 인용했고, 나는 처음 들어보는 장자의 지혜도 자주 이야기했다. 이 밖에 내가 기억하지 못하는 수많은 다른 사상가의 이름도 나왔다.

그녀가 존경하는 괴테 이야기도 종종 했다. 고대 지혜나 교리 가운데 괴테가 말하지 않은 것이 없다고 했다. 지혜란 것이 보편적이고, 시대를 초월하며, 현명한 사람들에 의해 반복해서 발견되며 이어진다는 점이 여기서도 드러난다.

상담 자리에 내가 언제나 함께 있었는지 궁금한 사람도 있을 것이다. 그렇기도 하고 아니기도 하다. 아무튼 같은 방 안에 있지는 않았다. 디오티마와 내담자는 단둘만 있는 독립된 공간에서 지극히 개인적인 이야기를 나누었다. 나는 옆방 책상에 앉아 온갖 서류 업무와 영수증을 처리하고, 디오티마가 정기적으로 개최하는 세미나, 강의, 워크숍 같은 행사나 일정을 관리했다.

하지만 상담실과 내가 있는 방을 나누는 벽이 매우 얇아 상담실에서 하는 말이 제법 잘 들렸다. 원래는 하나의 큰 방이었는데 나중에 가벽을 설치해 둘로 나눈 것이었다. 그래서 디오티마와 내담자가 나누는 대화가 의도치 않게 내 귀로 흘러 들어왔다. 사실 아주 많이 들렸다.

처음에는 옆방 대화 소리가 너무 크게 들려 거슬렸다. 귀마개를 껴보기도 했는데, 너무 불편하고 피부에 이상한 것도 많이 생겨 금세 다시 빼버렸다. 이후로는 상담실에서 흘러나오는 이야기를 듣지 않으려고 의식적으로 노력했다. 그러던 어느 날 잠시 손이 비어 졸던 차에 옆방에서 하는 상담 내용이 귀에 들어왔다. 호기심이 발동해 일부러 귀기울여 들은 건 아니었다. 저절로 들렸다. 하지만 한번 듣기 시작하니 멈출 수 없었다.

상담실에서 들려오는 이야기에 점점 관심이 가기 시작했다. 디오티마를 찾아온 사람들이 자기 이야기를 하는 시간보다 디오티마가 조언하고 설명해주는 시간이 대체로 더 많았다. 디오티마가 하는 말을 다 이해하지는 못했다. 말소리 자체도 뚜렷하게 들리지 않았지만, 그보단 내용상 이해하기 어려운 부분이 많았다. 옆방에 있으니 질문을 할 수도 없었다. 하지만 이해한 바만큼은 꽤 오랫동안 내 마음에 남았다.

나는 키워드를 적기 시작했다. 시간이 흐른 뒤에도 기억하고 싶었다. 하나둘 기록한 키워드들은 이내 문장으로 바뀌었고, 저녁마다 그 내용을 메모하면서 가능한 한 정확히 낮에 들은 대화를 재구성하고 글로 남겨보려고 노력했다. 처음 상담 내용을 들었을 때는 모든 게 어려웠지만 글로 정리하다 보니 조금씩 더 흥미로워졌다. 상담은 온갖 내용의 고대 지혜가 흘러넘치는 자리였다.

같은 내담자와 진행한 후속 면담에서는 좀 더 구체적인 내용이 오고갔지만, 관점과 키워드만 바뀔 뿐 기본적인 지혜는 일관성 있게 유지됐다. 디오티마의 지도하에 이뤄지는 연습 프로세스 같은 세부 사항만 바뀌었다. (더 정확히 말하자면 고대 철학자의 지도하에 이뤄진 것이다. 디오티마는 늘 자신이 고대의 철학을 현대의 언어로 다시 표현할 뿐이라고 말했다. 자신은 각 내담자의 특정한 문제와 옛 현자들의 철학을 이어주는 사람이라고 강조했다.)

시간이 흐르고 흘러 장장 수백 페이지에 달하는 대화문이 완성되었다. 이후에도 수시로 대화문을 들춰봤다. 볼 때마다 생각했지만 내용이 아주 풍부했다. 내 삶에 직접 적용해본 가르침도 있었는데, 디오티마의 모든 조언이 내게 긍정적인 영향을 미쳤다. 내 생각과 행동이 실제로 바뀌었다.

하지만 디오티마는 얼마 지나지 않아 세상을 떠났다. 자신이 나이도 많고 갈 때가 되었다는 사실을 직감한 그녀는 어느 날 갑자기 나에게 이렇게 말했다.

"내 친구여, 미안해요. 다른 직장을 찾아야 할 것 같아요."

사실 이 말을 들었을 땐 충격에 휩싸였다. 내가 뭘 잘못했는지, 아니면 내가 옆에서 상담 내용을 들으며 메모하고 있었다는 걸 들킨 건지 초조했다. 둘 다 아니었다. 그런 말을 왜 갑자기 하느냐고 놀란 표정으로 물었더니 디오티마는 자기도 그러기 싫지만 이제 세상을 떠날 때가 된 듯하다고 말했다. 신기하게도 죽음이라는 중대한 얘기를 굉장히 담담하게 했다. 마치 나를 안도시키려는 것 같았다.

디오티마는 자신의 시간이 다 갔다고, 살 만큼 살았다고 말했다. 힘에 부치는 몸뚱이로 더 이상 버티고 싶지 않다고 했다. 지극히 자연스럽고 우리 모두 겪어야 할 운명이니 전혀 슬퍼하지 말라고도 했다. 그동안 좋은 삶을 살았다고, 삶이 막을 내린다고 해서 좋은 삶을 살았던 데 대한 감사를 잊고 싶지는 않다고 했다. 죽음 뒤에 또 무엇이 있을지 어떻게 아냐고 덧붙이기도 했다. 오히려 죽음 뒤에 맞이할 새로운 세계에 호기심과 기대를 품은 듯했다. **아무것도 없다면 진정으로 얻게 될 거대한 평안 속에서 쉬면 되고, 다른 무언가가 있다고 한다면 영혼이 다시 새롭게 살아나갈 테니 말이다.** 어쩌면 그녀가 살아생전에 연구하던 위대한 사상가들을 만날 수도 있다고, 그래서 그들과 토론해보고 싶었던 주제로 대화할 수만 있다면 그보다 좋은 게 어디 있겠냐면서 말이다.

들뜬 목소리로 몇 가지를 더 이야기했지만 더는 집중하기 어려웠다. 내 인생의 기나긴 시간을 함께하면서 그녀는 나에게 이미 너무 소중한 사람이 되었다. 디오티마가 아무리 밝게 말해도 나는 하릴없이 너무나 슬펐다. 다른 직장을 구해야 한다는 현실적인 걱정도 피할 수 없었다. 무엇보다도 놀란 건 디오티마가 자기의 죽음을 앞두고 어떻게 저리도 담담히 말할 수 있을까 하는 점이었다. 죽음이나 헤어짐 때문에 찾아온 내담자들과 이야기하면서 그녀가 죽음이나 헤어짐에 담담해질 것을 주문하던 기억이 선명했다. 하지만 자기 자신이 죽음을 앞둔 상황에서도 저렇게 담담하고 편안하게 말하다니, 퍽 당황스러웠다.

2주 후, 디오티마는 정말로 세상을 떠났다. 어느 날 아침, 그녀가 잠에서 깨어나지 않는다고 주치의가 조용히 전해주었다. 질병이 전혀 없었으니 사인을 명확히 알기 어렵다고 했다. 의사는 아무래도 그녀가 호흡 곤란으로 사망한 듯하지만, 의학적으로는 어딜 봐도 호흡 장애 증세를 찾기 어렵다고 했다. 그러면서 디오티마가 이전에 호흡 곤란을 겪은 적이 있느냐고 나에게 물었고, 나는 그런 적이 없다고 답했다.

의사가 돌아가고 난 뒤, 나는 문득 언젠가 한 면담에서 그녀가 했던 말이 떠올라 정리해둔 기록을 미친 듯이 뒤졌다. 디오티마가 한 내담자에게 고대에는 몇몇 위대한 사상가들이 나이가 많이 들면 '숨 참기'를 통해 스스로 삶을 끝내곤 했다는 이야기를 한 적이 있었다. 그 방법은 분명 질병이 없거나 삶이 고통스럽지 않을 때 선택하는 자발적인 죽음이었다. 몸이 점점 힘들어지고 이제 살 만큼 살았다고 느낄 때, 다른 사람을 위해 자리를 내어줘야겠다고 마음먹을 때 그 방법을 썼다고 한다. 디오티마는 삶이 더 힘들어지고 고통스러워지기 전에, 자기가 말한 고대의 방법처럼 자발적으로 '사는 세상 바꾸기'를 선택한 것이다.

그녀가 어떻게 죽었는지는 알 수 없다. 과연 정말 스스로 숨을 참아서 생명을 끊는 게 가능하긴 할까. 하긴 북아메리카 원주민들 중 자신의 시간이 다 되었음을 직감하고 자연 속으로 들어가 홀로 조용히 삶을 마감하는 사람이 있다는 얘기도 들은 적이 있다.

디오티마가 세상을 떠난 지도 어언 몇 년이 지났다. 디오티마가 떠난 줄 모르고 그녀에게 조언을 구하는 전화와 편지가 아직도 많이 오는데, 버리지 않고 다 보관하고 있다. 디오티마에겐 친척도 없고 나를 유산 관리인으로 지정했기 때문에 모든 걸 내가 관리한다.

최근에는 그녀가 내담자들과 나눈 대화를 기록한 종이 앞에 앉아서 이것들을 어떻게 해야 할지를 생각했다. 처음에는 어떻게 처리할지만 고민했지, 공개할 생각은 하지도 못했다. 공개한다는 건 우릴 찾아와 개인적인 문제를 터놓은 수많은 내담자의 신뢰를 저버리는 행동이라고 생각했다. 하지만 한편으로는 디오티마가 알고 있던 온갖 고대의 지혜를 일반 대중과 공유한 적이 없다는 생각도 들었다. 갑자기 그녀의 소중한 지혜가 죽음과 함께 그저 과거로 묻혀버리면 어떡하나, 하는 걱정도 들었다. 디오티마의 지혜가 담긴 이 기록을 도대체 어떻게 처리해야 할지 판단하기 어려웠다.

디오티마는 종종 특정한 철학, 시스템, 윤리 이론에 관해 대학에서 강의도 했다. 하지만 디오티마가 진짜 중요하게 여긴 건 그런 강의나 학술적인 토론이 아니라 고대인의 지혜를 따라 사는 일상, 즉 고대 철학자들의 지혜를 '나'의 일상에서 구현하는 것이었다. 특히 철학적 지식이 없는 나와 같은 사람들의 일상에도 고대 철학자들의 지혜를 적용하는 것이 디오티마가 말한 철학자의 가장 중요한 임무였다.

디오티마는 지혜를 실생활에 적용할 때 비로소 철학적 사고가 추구하는 목표에 이를 수 있다고 말했다. 하지만 실천철학이나 지혜에서 얻은 통찰력을 실생활에서 구현하는 방법은 철학 전공 강의에서는 가르쳐주지 않는다. 대학에서도, 중고등학교에서도, 가정에서도, 교회에서도 가르치지 않는다. 사람들이 열렬히 바라는 성공적이고 행복한 삶, 그 열망에 가까이 가는 데 지혜보다 더 가치 있는 것이 없다고 그녀는 말했다.

사람들이 생각하고 행하는 모든 것은 결국 나와 타인이 서로 어울려 행복하게 살 수 있을 때만 비로소 의미가 있다. 고대 철학도 이 목표를 달성하기 위해 존재할 때 진정한 가치가 있다. 위대한 현대 철학자들은 고대 동서양에서 이룬 지혜를 지금 시대에 맞게 재구성하고 실생활에서 몸소 모범을 보임으로써 다른 사람들의 삶에도 그 지혜가 적용되도록 돕는다.

　디오티마는 평소에 대체로 차분하고 평온했지만, 이 주제에 관해 이야기할 때만큼은 목소리에 감정이 실렸다. 디오티마가 감정이 없다거나 차가운 사람이라는 뜻은 아니다. 그녀만큼 타인에 대한 깊은 연민을 느끼고 공감을 잘하는 사람은 본 적이 없다. 다만 그녀는 그런 감정을 잘 드러내지 않았다. 겉으로 보기에 디오티마는 늘 명상의 상태에 있는 것 같았다. 언제나 평온하고 차분한 기운을 발산했지만 존재감은 늘 있었다. 차분하면서도 자신감 넘치는 그녀만의 카리스마 덕분에 까다로운 내담자들이 와도 상담은 언제나 매끄러웠다. 그건 아마도 자신의 말을 뒷받침하는 훌륭한 철학적 논증 덕분이라기보다는 상대의 말에 깊이 공감하는 그녀만의 따뜻한 기운 덕분이었을 것이다. 내담자들은 대부분 디오티마의 조언을 열린 마음으로 받아들이고 수긍했다. 그만큼 디오티마가 건네는 조언은 유익했고 개개인에게 꼭 알맞았다.

　나는 그런 디오티마의 흔적을 이대로 묵혀둘 수는 없다고 판단했다. 언젠가 이 기록의 일부라도 책으로 펴내야겠다고 다짐했다. 처음에는 너무 개인적인 내용이라 조심스러웠지만, 다시 살펴보니 상담 내용은 개인의 고민과 문제인 동시에 인간이라면 누구나 끌어안고 사는 고민과 문제이기도 했다. 내담자 당사자만의 문제가 아니라 우리 모두 직면할 문제였다.

거기까지 생각이 미치자 오히려 디오티마가 설득력 있게 전수한 고대의 지혜가 고작 내 노트 안에 봉인되는 것이 더 부끄러운 일이라는 생각이 들었다. 대중에게 공개한다면 디오티마를 만나보지 못한 사람들도 값진 조언을 얻으리라는 확신이 들었다. 물론 그녀의 오라를 책에 온전히 담아내기는 어렵겠지만, 따지고 보면 그녀 역시 소크라테스, 공자, 부처를 개인적으로 만나지 않고도 많은 것을 배우지 않았는가.

이 기록에 어떤 특별한 지식이 담긴 건 아니다. 어쩌면 일부는 진부하게 들릴 수도 있다. 나도 처음엔 그렇게 느낀 부분이 있었다. 하지만 반복해서 읽을수록 내가 생각한 것보다 훨씬 더 크고 깊은 지혜가 담겨 있음을 깨달았다. 디오티마는 지혜가 마치 호수의 물과 같다고 했다. 맑으면서도 그 깊이를 알 수 없다는 것이다.

어디선가 이미 들어본 듯한 조언이라 하더라도 그걸 실생활에 적용하면서 사는 사람은 거의 없다. 많은 사람이 좋은 환경에서 살아가면서도 여전히 삶을 고통스러워하는 이유가 여기에 있지 않을까. 디오티마의 말에 따르면 고통을 끝낼 변화의 열쇠는 각자의 손안에 있다. 이미 자기 손에 쥐고 있는데 활용하지 않는 것뿐이다. 이는 인류가 어떤 면에선 진보를 이루지 못하고 오랜 관습에서 벗어나지 못하는 원인이기도 하다.

고대의 지혜가 그 오랜 시간을 버티며 이어져 내려오고 있음에도 사람들은 여전히 삶을 고통스러워한다.

지난 세기 동안 인류가 이뤄낸 놀라운 기술 발전과 디지털 혁명 등도 우리 인생을 더 복잡하고 힘들게 하는 데 일조했다. **겉으론 눈부신 발전처럼 보이지만, 그 안에 사는 사람들의 마음은 전보다 더 공허하고 팍팍하고 혼란스럽고 조급해졌다. 산업화를 거치며 사람들의 마음은 기계처럼 차가워졌고 디지털 시대에는 아예 알고리즘이 감정을 대체해버렸다.** 겉보기에 반짝인다고 전부 금은 아니다.

나는 오랜 생각 끝에 이 상담 기록을 책으로 펴내기로 했다. 물론 내담자들의 이름은 공개하지 않는다. 디오티마의 실명도 쓰지 않는다. 상담을 하러 온 사람은 '내담자', 우리 모두의 철학자였던 그녀는 '디오티마'라고 부른다. 누군가가 자기 이야기 또는 지인의 이야기라고 인식하는 일을 막고자 내담자의 특성이나 구체적인 상황은 적당히 바꿨다. 물론 디오티마가 제안한 해결책이나 문제의 핵심은 수정하지 않았다.

대화를 그대로 재현하지도 않았다. 그대로 쓰지 않아도 의미는 통할 거라고 생각한다. 각 상담이 끝나는 부분에는 디오티마가 해당 대화에서 인용한 격언, 그중에서도 특히 기억에 오래 남은 몇 가지를 함께 실었다. 앞서 말했듯이 디오티마가 인용한 격언은 전부 고대의 사상가, 현자, 성인이 남긴 것이다.

마지막 장에는 우리 상담소에도 걸려 있던 열두 가지 인생의 법칙을 실었다. 디오티마가 직접 썼는지 아니면 고대의 지

혜를 빌려 썼는지는 나도 모르겠지만, 디오티마가 직접 쓴 것
으로 추측한다. 말투나 어휘가 고대 철학자의 것보다는 훨씬
현대적이기 때문이다.

차례

1장

나 자신으로
살기 위해
알아야 할 것

1

나의 길을 걷고 있다는 확신

"가장 슬픈 건
자기 자신을 잃는 것이다."

— 공자

❖ 요란하게 꾸미지 않고도 세련된 분위기를 풍기는 40대 중반의 남자가 디오티마를 찾아왔다. 슬림하고 탄탄한 몸, 날카로운 눈과 매력적인 미소가 인상적인 남자였다. 디오티마 앞에 앉은 그는 직업이나 직장을 밝히지는 않은 채 대뜸 자기가 크게 성공한 경영인이며 그 자리까지 오르려고 지난 20년 동안 죽도록 일만 했다고 말했다.

그에게는 이혼한 전처 사이에 낳은 장성한 세 자녀가 있다. 지금 새로 만나는 사람도 있는데 그녀도 같은 업계에서 성공한 경영인이다. 서로 약간의 거리를 두고 자유롭게 만나고 있으며 둘은 사이가 꽤 좋다고 한다.

돈도 제법 벌었다. 퇴직금까지 두둑이 챙겨 퇴사하고 나면 죽을 때까지 더 일할 필요가 없을 정도다. 이 정도면 스스로를 누구나 갈망하는, 모든 걸 손에 넣은 행복한 사람이라고 느끼지 않을까?

※　※　※

디오티마　저를 찾아올 필요가 전혀 없어 보이는데요?

내 담 자　현명하시다는 소문을 듣고 왔습니다. 제 소개를 들으면서 어떤 생각을 하셨나요?

디오티마　저는 나이도 먹을 만큼 먹었고, 그만큼 많은 걸 보고 겪었어요. 이곳을 찾은 사람만 해도 그 수가 상당하죠. 몇몇과는 지금까지도 친구처럼 지내고요. 다양한 삶의 이야기를 마주하면서 저는 들으면 누구나 놀랄 만한 일들도 숱하게 알게 되었어요. 그래서 누구의 인생이든 막을 완전히 내리기 전까지는 섣불리 판단하지 않아요. 어떤 사람은 인생의 마지막 순간에 이르러 운명이라 할 만한 일을 겪기도 하거든요.

내 담 자　나중 일이야 당연히 아무도 모르죠. 하지만 지금 제 상황이 어떤지는 얘기해주실 수 있잖아요? 다른 건 필요 없고 지금 제가 어떻게 살고 있는지만 판단해주시면 됩니다.

디오티마   그건 스스로가 가장 잘 알 거예요. 물론 행복한 삶이 어떤 것인지는 간단히 답할 수 없죠. 겉으로 보이는 것들이 당신을 속일 테니까요. 누군가는 스스로 어딘가에 얽매여 걱정하고 두려워하느라 평온한 밤을 보내지 못합니다. 겉으로는 모든 걸 다 이뤄 부러움을 한 몸에 받는 듯해 보이지만, 속으론 우울함과 예민함에 지쳐 더 이상 어떤 일에서도 진정한 기쁨을 느끼지 못하는 사람도 있지요.

　　선진국에 사는 사람들은 평균적으로 르네상스 시대 군주 수준의 풍요를 누리고 있는데도 끊임없이 불평하면서 불만족한 상태로 살아요. 심지어 가난한 나라에 사는 사람들보다도 덜 웃죠. 물론 모두가 그렇다고 일반화할 순 없지만 그들이 누리는 기회, 평화, 자유, 안보 등의 가치에 비해서 실제 정신적인 만족도는 현저히 떨어지는 듯해요. 많은 사람이 자신이 얼마나 좋은 환경에서 살고 있는지 잘 느끼지 못하는 것처럼 보입니다.

내 담 자   전 그렇진 않습니다. 오히려 반대예요. 제 삶이 꽤 마음에 들거든요. 여가도 비록 넉넉하진 않지만 틈나는 대로 잘 즐기는 편이고요.

디오티마   제가 부정할 순 없겠죠. 실제로도 그래 보이세요. 하지만 많은 사람이 그런 식으로 다른 이들보다 더 높이 올라가는 데 자기 인생을 걸어요. 뉴스에 자주 나오는 정치인들의 인생

굴곡을 보세요. 잘나가는 기업가나 투자자도 그렇죠. 그런데 살다 보면 사람의 의지와는 상관없이 큰일이 벌어지기도 해요. 글로벌 금융 위기를 떠올려 보세요.

동서양의 오랜 지혜는 하나같이 우리가 구불구불한 길을 가야 한다고 말합니다. 그런 길은 좁고 불편하며, 아무런 상처도 입지 않고 멀쩡히 지나가긴 힘들죠. 하지만 성공한 사람들을 보면 저마다 상처를 한가득 안고 있어요. 그런 스토리는 언론에서 귀신같이 알아내고 퍼트려서 평범한 사람들의 질투심을 위로하죠.

신을 믿지 않는 사람조차도 살면서 한 번쯤은 신에게 행운을 빌어봤을 거라고 고대의 현자들은 말합니다. 그만큼 알 수 없는 게 바로 우리의 삶이죠. 너무 일찍 자기 인생을 재단하지 말아야 해요. 삶에 아무런 문제가 없고 그저 행복한 상태만 이어지면 사람은 교만해집니다. 그 교만함이 거대한 실패의 길로 이어질 수 있어요.

내담자 비관주의자의 말처럼 들리네요. 그런 생각이 지금 이 순간을 즐기지 못하게 하는 것 아닌가요?

디오티마 잘못된 결론을 내리면 비관주의로 흘러갈 수 있죠. 하지만 모든 건 끊임없이 변하고, 이리 왔던 게 저리 가기도 하며, 행복과 불행도 꼭 번갈아 가면서 찾아와요. 뭐 하나 확실한 게 없는 것이 인생임을 인식한다면 억지로 노력하지 않아도 자연스럽게 지금 가진 것에 감사할 수 있게 됩니다. 지금 누리는 이 행복도 언젠가는 끝나리란 걸 알고 당연하게 여기지 않기 때문이에요.

행복이 영원하지 않다는 인식은 역설적으로 지금 눈앞에 놓인 행복을 더 소중히 여기고 즐기게 해줍니다. 반대로 그런 행복이 당연해지는 순간 수많은 소소한 기쁨이 더 이상 대단치 않은 것이 되어버리죠. 또 미래에 대해 겸손하고 신중한 태도를 취하면 온갖 갈망과 기대 앞에서도 겸허해집니다. 인생이 늘 우리가 원하는 대로만 흘러가지는 않잖아요. 언제든지 힘든 시간이 찾아올 수 있습니다. 이런 사실을 인식해야 앞으로 일어날 모든 일을 현상 그대로 받아들이고 미리 대비도 할 수 있습니다. 준비된 사람은 결코 흔들리지 않아요.

당신의 행복에 관해 다른 사람에게 묻지 말고, 자기 자신에게서 행복을 얻고, 거기에 기뻐하고, 그걸 즐기라는 얘깁니다. 그건 그렇고 말씀하신 대로 만족스러운 삶을 살고 있다면 저를 왜 찾아오셨나요? 모든 일이 잘되어가는 분들은 제 조언이나 도움을 별로 필요로 하지 않는데 말이죠.

내담자 좋아요! 이만하면 됐습니다. 선생님을 시험해보려 한 걸 용서하세요. 사실 답을 구하고 싶은 게 하나 있었어요. 그것만 생각하면 인생의 어느 한 부분이 꽉 막혀 있다는 느낌이 들 정도입니다.

디오티마   한 가지뿐인가요? 벌써 느낌이 좋은데요. 열린 정신, 개방된 삶, 모든 걸 갖춘 풍요 속에서도 더 성장하고 경험하기를 원한다는 건 멈추지 않고 성장하는 대도시와도 같은 사람인 거죠.

내담자   직장에서는 모든 걸 이뤘고, 돈도 많이 벌어놨고, 사람들에게도 존경받고, 겉으로 볼 때 제게 부족한 건 없습니다. 보기만 해도 행복해지는 우리 아이들도 건강하게 잘 자랐고요. 하지만 인생의 바퀴가 잘 굴러가다 잠시 멈추기라도 하면, 이를테면 집에서 멀리 떨어진 해외의 호텔 방 안에 홀로 덩그러니 있거나 업무에 지쳐 퇴근한 저녁에 혼자 와인이라도 한잔할 때면 불현듯 불안해져요. 그럼 저 자신에게 묻습니다. 이게 단가? 다른 건 없나? 계속 다람쥐 쳇바퀴 돌듯 살아야 하나? 끝없는 공허함이 밀려옵니다.

　또 저에겐 오랫동안 생각해온 몇 가지 계획이 있는데요. 이 계획을 실현하고 싶었지만 지금 제 업무와는 아무런 상관이 없어요. 게다가 회사에 다니느라 아이디어를 발전시켜볼 시간조차 없습니다. 믿을 만한 상사에게 이야기해서 개인적인 시간을 좀 더 가질 수 있을지 물어보기도 했어요. 고맙게도 열린 태도로 제가 원하는 시간을 확보하도록 배려해주기도 했죠. 그런데도 막상 실천하려니 어렵더군요. 예기치 못한 문제들이 잇따라 발생하니까요.

디오티마 좀 내려놓으면 안 되나요? 회사 일을 자문 활동 정도로 줄이는 방법도 있잖아요.

내 담 자 벌써 몇 번이나 생각해봤죠. 하지만 회사는 충성스럽고 실적 좋은 경영인에게 엄청나게 많은 성과금을 안겨줍니다. 자문 활동 정도로 일을 줄인다면 절대 받지 못할 액수예요.

디오티마 이미 넉넉히 벌었고 투자도 잘해두셔서 돈은 크게 더 필요하지 않은 것처럼 말씀하셨잖아요.

내 담 자 맞습니다. 하지만 선생님께서도 아까 그러셨잖아요. 앞으로 일어날 일은 아무도 예측할 수 없다고요. 언젠가 그 돈이 필요해질지도 모르죠. 이 좋은 자리를 냉정하게 박차고 나가기가 말처럼 쉬운 게 아니에요.

디오티마 당신이 갖춘 자격과 경력이면 설령 재정적인 어려움이 닥친다고 해도 금방 방법을 찾으실 것 같은데요.

내 담 자 네, 그렇긴 해요. 하지만 지금 제가 누리는 수준의 평판과 사회적 지위를 안겨주는 자리를 얻기는 어려울 겁니다. 다른 사람들이 저에게 보여주는 감탄과 존경이 절대적인 가치가 아니란 걸 잘 알지만, 그게 사라지는 걸 순순히 받아들일 순 없어요.

디오티마 사람은 누구나 만족감, 행복, 기쁨을 좇으며 매일같이 수많은 결정을 내립니다. 하지만 소유물, 직업, 사회적 명망 같은 외부 요인이 중요할까요, 아니면 내면의 균형, 마음의 평화, 내적 욕구의 일관됨과 충족감이 중요할까요? 진정한 삶은 내면의 가치, 필요, 갈망에 따라 삶을 꾸려나갈 때 비로소 가능해집니다. '나는 외적인 껍데기를 꾸미기 위해 사는 건 아닌가?' '나라는 사람을 정의하는 것은 무엇인가?' 같은 질문을 던져야 합니다. 내면의 중심에서 너무 멀어지면 자신의 뿌리, 에너지의 원천, 깊은 행복과 성취감을 열매로 맺어낼 가능성에서도 멀어집니다.

내 담 자 하지만 백 퍼센트 자기가 살고 싶은 대로만 사는 사람이 과연 있을까요? 현실적인 제약이 너무 많잖아요.

디오티마 맞는 말이에요. 하지만 더 중요한 게 뭔가요? 내면인가요, 외부인가요? 행복이란 무엇일까요? 행복은 이미 내 안에 있는 것 아닐까요? 행복이란 것이 외부 상황이나 감정, 기분, 마음 상태에 따라 달라지는 걸까요? 몇 년 전에 강의를 하나 들었는데요. 정확히 어떤 맥락이었는지는 기억나지 않지만, 지금도 생생히 떠오르는 한 문장이 있습니다. 당시 강사가 유명한 철학자의 말을 인용해서 '자기기만이 그 어떤 것보다 최악이다'라고 했죠.
　　저는 살면서 커리어를 몇 번 크게 바꿨어요. 사회적으로 보장되는 일을 버리고, 소위 말해 비빌 언덕 하나 없는 일에 도전 했습니다. 쉽지 않았어요. 결정하고 실행에 옮기는 데는 큰 두려움이 따랐습니다. 믿을 구석이라고는 좋은 학력과 건강한 자신감, 그리고 사람 일이란 어떻게든 풀려갈 것이고 어찌 됐든 굶어 죽지는 않을 거라는 맹목적인 낙관주의가 전부였습니다. 하지만 정작 더 믿을 구석이 되어준 건 따로 있었어요. **내면에서 우러나오는 강렬한 열망을 표출하고 세상에 펼칠 기회를 스스로에게 주어야겠다는 갈망이었죠.** 그 시기를 지나고 나니 저 자신과 더 가까워진 느낌이었습니다.

용기를 내서 염원하던 삶의 한가운데에 실제로 뛰어들었으니 어찌 보면 운이 좋았죠. 그런데 이상하게도 몇 년이 지나고 제가 선택한 이 '새 삶'에 정착해 슬슬 성공을 이룰 때쯤 다시금 열정이 가라앉는 느낌이 들었습니다. 그때 전 한 번 더 방향을 틀었습니다. 모든 걸 접고 완전히 새로운 길을 간다는 게 어떤 것인지 알기에 처음처럼 두렵지는 않았어요. 두 번째로 방향을 튼 후에야 저는 마침내 제가 있어야 할 집으로 잘 돌아왔다는 안도감을 느꼈습니다. 그 기분은 오늘까지도 이어지고 있고요.

내담자 그럼 전 이제 뭘 해야 할까요? 선생님에게 가장 기쁨을 준 건 무엇이었나요? 이제는 맞는 길을 가고 있다는 확신이 드시나요?

디오티마   저는 자기 자신에게 가까워지는 일이 평생의 과업이라고 생각해요. 아마 우리를 행복하게 하는 건 어딘가에 도달하거나 목표를 달성하는 것과 같은 결과가 아니라 거기에 이르는 방법, 뭔가를 해결해나가는 과정, 스스로 움직여 나아가는 과정 그 자체일 겁니다. 눈에 잘 띄지 않는 과정일지라도 사람은 그런 식으로 끊임없이 바뀌니까요. 물론 모든 직업이나 직무에 도전해볼 만큼 무한한 시간이 주어지지는 않죠. 저도 지금은 완전히 처음부터 다시 시작할 힘이 예전만큼은 없습니다. 하지만 이젠 다시 시작할 필요도 없죠. 저는 이미 저만의 이타카를 찾았거든요.

이타카 이야기가 나왔으니 오디세우스의 모험 이야기를 안 할 수 없군요. 오디세우스는 20년 동안이나 고향을 떠나 지냈어요. 전쟁을 지휘했고, 힘 있는 반대자들과 맞서 싸웠고, 마녀에게 유혹을 받기도 했어요. 그러면서 수많은 낯선 나라에 도착하고 외국의 관습과 전통에 눈을 떴습니다. 다양한 위험에 직면했고 죽을 뻔한 적도 여러 번 있었죠. 하지만 그는 늘 현명했고 번번이 다시 행복해지는 길을 찾아냈어요. 행복은 지혜를 따르기 때문입니다. 어떤 상황에서든 적절히 대응하는 능력을 갖춰 매우 기민한 사람으로 불리기도 했죠. 고향인 이타카에 대한 갈망이 아마 모든 위험을 극복할 힘과 도전 정신을 키웠을 겁니다.

저는 우리의 삶이 크게 보면 오디세우스의 모험과 비슷하다고 생각해요. 자신만의 이타카, 즉 자기 본연의 모습을 찾고 진정한 자기 자신이 되려면 시간과 용기와 자신감 그리고 깊은 갈망이 필요합니다. 오디세우스의 여정에 함께한 사람들이 결국 고향 땅을 밟지 못했다는 설정은 아마 자기 자신으로 사는 삶이 현실에서는 얼마나 힘든지를 강조하고자 한 호메로스의 뜻일 겁니다.

그렇다고 삶의 역경을 억지로 미화할 필요는 없으며, 편안하고 안정적인 삶의 가치를 무시해서도 안 됩니다. 우리는 모두 오디세우스이며 아무리 평범한 인생이라 하더라도 그 안에서 살아가며 생각하고 느끼는 모든 일은 자기 자신을 발견하는 여정이자 진정한 평안을 얻는 과정입니다. 저 또한 인생에서 완전히 다른 직업을 가지면서, 그 과정에서 맞닥뜨린 어려움을 하나씩 극복해가면서 나만의 평안을 찾았습니다. 그 과정에서 때때로 제 안의 뭔가가 활짝 피어났지만, 그게 저의 가장 깊은 곳을 채워주지는 못한다는 생각이 들었습니다. 충족되지 않는 그것이 무엇인지부터 찾아야 했어요. 다행히 결국 내가 갈망하는 바가 무엇인지 찾았고 저는 행복해졌습니다. 제 스승님께서 이렇게 말씀하셨어요. 자기가 배워서 가장 잘할 수 있는 걸 하게 될 때 비로소 인간은 행복해진다고요.

그런데 제 인생 얘기를 듣자고 여기까지 오신 건 아니잖아요. 더 말했다가는 이룬 걸 다 내려놓으라고 부추기는 꼴이 될 것 같습니다. 물론 그렇게 한다고 해도 후회는 없으실 테지만요. 저의 오랜 친구들은 제가 아직도 언제고 새로운 걸 시작하기 위해 방향을 틀 준비가 돼 있는 걸 보고 놀라고들 합니다.

친구들도 늘 저처럼 다른 걸 시도하고 싶다고 말하지만 실제로 도전한 이들은 거의 없죠.

내 담 자   그럼 제가 해야 할 일이 구체적으로 뭔가요?

디오티마   우선 생각, 말, 의지를 바꿔보세요. 그러면 앞으로 내리는 결정과 하는 행동도 달라질 테고, 마음속에 품고 있던 모습대로 조금씩 변할 겁니다. 영혼에는 그 사람의 생각이 담겨있습니다. 수년 동안 품었다는 계획들은 주로 승진, 성공, 성장, 시장, 기업가치, 대차대조표, 투자, 수익, 연봉, 재산, 절세 같은 단어로 이루어져 있었을 겁니다. 그게 바로 당신의 지금 모습을 만든 거예요.
　　옛날에는 아들이 아버지의 직업을 물려받는 일이 흔했잖아요. 그런 관습을 반대하던 한 남자가 있었습니다. 아버지가 석공이었는데 어느 날 자신은 돌이 되기 싫다고 말했죠. 사람은 자신이 하는 일을 닮아간다면서 말이에요.

내 담 자   좀 전에는 사람이 생각하는 모습대로 된다고 말씀하셨잖아요. 왜 지금은 하는 일대로 된다고 하시는 거죠? 어느 쪽이 맞습니까?

디오티마   둘 다예요. 생각, 말, 의지, 행동 사이엔 강력한 연관성이 있습니다. 그러니 우리는 자신이 하는 생각에 주의를 기울

36

여야 합니다. 그게 말로 튀어나오거든요. 그리고 말은 곧 행동이 되죠. 행동은 습관이 되고요. 그렇게 형성된 성격은 운명을 능동적으로 결정합니다. **성공적인 삶을 만드는 것은 흔히 운명이라고 부르는 외부의 여건이나 사건이 아니라 태도, 가치, 인품 등 우리의 성격이기 때문입니다.**

간단한 예를 들어보죠. 비관주의자는 무슨 일이 일어나든 한결같이 비관적이고 부정적입니다. 평소 기분과 삶의 태도가 항상 우울할 수밖에 없죠. 인생에서 고통은 쉽게 느끼고 기쁨은 거의 느끼지 못합니다. 한편 낙관주의자는 모든 면에서 긍정적인 걸 보고 기회를 잡을 줄 알며 도전을 좋아합니다. 그런 사람은 무슨 일이 일어나도 실망하기보다는 삶 자체를 즐기고 진심을 다해요.

성격, 생각, 가치, 행동, 이 네 가지는 고정된 게 아니에요. 결단하고, 용기를 내고, 스스로를 제어하고 방향을 잡는 데 필요한 끈기를 갖춘다면 언제든지 바꾸어나갈 수 있습니다. 당신의 문제도 생각, 말, 판단, 의지만 바꾸면 해결할 수 있어요. 지금까지 당신에게 중요했던 직업적, 사회적 가치를 떠올려 보세요. 그리고 이제 칼을 꺼내 들고 이리저리 요리하는 겁니다! 성취하고 싶지만 차마 도전해보지 못했던 일에 집중하고, 거기에 자신만의 가치를 더하세요. 아침에 일어나서 혹은 잠이 들기 전에 이제는 행동할 때가 되었다고 스스로에게 되뇌세요. 이전의 케케묵은 생각과 가치, 위치, 연봉에 더는 연연하지 말고요.

인간의 죽음을 옆에서 지켜본 이들이 입을 모아 하는 말이 있습니다. 죽기 전 마지막 순간에는 사는 동안 내면의 목소리를 외면한 걸 가장 후회한다고 하더군요. 내면의 목소리를 따라가는 것만큼이나 안주하고 싶은 마음과 저항감을 극복하는 데도 용기가 필요해요. **달라지고 싶다면 손에 쥐고 있던 낡은 것들을 놓아주고, 때로는 꽤 오랫동안 사랑했고 나의 모든 것을 걸었다고 표현할 법한 것까지 내려놓아야 합니다.** 용기 내 시도하는 사람만이 자기 자신을 찾을 수 있습니다. 자기 삶이 의미 있다고 느끼는 사람만이 인생을 자기 것으로 만들고 즐길 수 있어요. 내면에서부터의 변화란 게 절대 쉽지는 않지만, 세상에 공짜가 어디 있겠습니까? 명품을 얻으려면 그만한 대가를 지불해야 하죠.

내담자 무슨 말씀인지는 알겠지만 좀 자기중심적으로 들리네요. 제 아이들은 어떻게 하고, 제가 속한 지역사회, 제가 뭔가를 베풀고 싶은 타인들의 존재는 다 어떻게 하죠?

디오티마 이기적으로 들릴 수도 있지만, 사실 그렇진 않습니다. 진정한 나에 가까워질수록 더욱 진정을 다해 삶을 살아낼 수 있고, 그렇게 만들어나가는 행복을 타인에게도 더 많이 나누어 줄 수 있으니까요. 다른 사람에게는 오히려 더 좋은 영향을 미칠 것이고, 그들에 대한 책임감이며 그들과 함께한다는 느낌은 더 강해질 겁니다. 평화, 안정, 친절, 이웃 간의 정은 내면의 평화와 균형을 찾고 진정한 행복을 느끼는 사람만이 나눌 수 있는 것들입니다.

내 담 자 선생님 말씀 잘 곱씹어 보겠습니다.

＊　＊　＊

남자는 몇 번 더 찾아왔다. 디오티마가 조언한 대로 직장을 그만두고 자신의 계획을 실행에 옮겨보기로 했다. 하지만 마음먹고 나서도 바로 실행하지는 못했다. 디오티마는 그런 모습을 두고 '인생을 뒤로 미루고 있다'고 표현했다. 그러던 어느 날부터 남자는 오지 않았다. 인생의 다음 단계로 발을 내디뎠는지는 나도 모르겠다. 난 그저 그들의 첫 대화만 옆에서 들었을 뿐이니까. 몇 차례 이어진 면담에서도 같은 이야기를 반복한 것으로 안다. 표현만 바뀐 듯하다. 디오티마가 인용한 격언 중 나에게도 딱 들어맞아 기억에 오래 남은 말들을 정리했다.

"현명한 사람은 언제든 자신이
도랑이나 연못에 빠질 수 있다는 사실을 절대 잊지 않는다."

맹자

"현자는 내면과 외면을 조화시키는 행동에 주의를 기울인다."

공자

"아이들에겐 원숭이도 아름답다.
경험을 토대로, 되고자 한 사람이 되어라."

핀다로스

"내면의 진실함은 겉으로 드러난다.
그러므로 현자는 항상 내면에 주의를 기울인다."

『예기』

"철학은 모든 사람이 내면의 법칙에 따라 산다고 말한다."

세네카

"자기 자신으로 사는 사람은 성공한다."

파탄잘리

2

나 자신에 대한 비난은
교만에 불과하다

"사람의 진정한 벗은 자기 자신이니,
자신을 가장 사랑해주어라."

― 아리스토텔레스

❖ 30대 중반의 여자가 디오티마를 찾아와 자꾸만 죄책감이 든다고 호소했다. 모두에게 잘하고 싶은데 아무래도 잘못할 때가 너무 많은 것 같아 잠을 이루지 못할 만큼 괴롭다고 했다. 누구에게나 비난받을 만한 점이 있다는 걸 알면서도 여자는 비난의 화살이 자신으로 향하면 나락으로 떨어지는 기분을 느꼈다. 특히나 아이들을 훈육하면서 잘못한 게 너무 많은 것 같은데, 과거로 돌아가 자신이 한 행동이나 말을 바로잡을 수도 없어 힘들었다. 이 사실 때문에 몹시 슬프고, 끝도 없이 우울해졌다.

여자는 자기 비난으로 그간 얼마나 고통스러웠는지, 자존감이 얼마나 불안정하고 취약한지 몇 가지 다른 예를 들어 설명했다. 하지만 굳이 말로 듣지 않아도 그녀의 모습을 보면 얼마나 힘든 상태인지 한눈에 알 수 있었다. 얼굴에는 붉은 반점들이 돋았고, 거듭되는 걱정, 불안, 정신적 고통에 깊게 팬 주름이 가득했다. 디오티마와 나누던 대화가 중간중간 끊기는 걸보아 자주 울먹이는 듯했다.

✳ ✳ ✳

디오티마 교만하시네요.

내 담 자 뭐라고요? 교만이라니요? 그 반대겠죠. 전 걱정이 많고 소심하다고요.

디오티마 그것도 맞아요. 두 가지 면이 다 있는 거예요. 동전의 양면처럼 어느 쪽에서 보느냐에 따라 다를 뿐이에요.

내 담 자 무슨 뜻이죠?

디오티마 용기가 사라지고, 소심해지고, 비관적인 생각만 밀려들 때가 있죠. 자기가 실수했거나 실패했다고 여기는 일로 스스로를 비난할 때 누구나 겪는 현상이에요. 이럴 땐 자신이 열등하고 부족하며 무가치한 존재라고 느낍니다. 그런데 말이죠, 이게 인간이 태어나는 순간부터 느끼는 근본적인 감정이라고 어느 심리학자가 말했어요. 처음 세상에 나오자마자 필요한 것투성인데 스스로 얻을 수 있는 거라곤 하나도 없거든요. 인간이란 어쩔 수 없이 평생에 걸쳐 인정과 존중을 갈망하기에 어떤 형태로든 무시를 당하면 민감하게 반응하는 거예요.

이는 기분 좋은 경험을 하고 난 뒤에도 당겼던 손을 놓아버린 고무줄처럼 언제든지 되돌아가 빠질 수 있는 인간의 근본적인 감정입니다. 수많은 경험이 쌓여 내면 깊은 곳에 자리 잡고 있지요. 결코 어떤 사건 하나에서 비롯한 감정이 아니에요. 인정과 존중에 대한 결핍감은 누구에게나 있는 감정입니다. 당신이 좀 더 강하게 느낄 뿐이에요.

내담자 네, 그럴 수도 있겠네요. 그런데 어째서 교만하다는 건가요?

디오티마 그 감정이 완벽주의에서 비롯하기 때문입니다. 인간이 일말의 약점이나 취약함도 없이 아주 완벽하고 강하고 이성적인 존재라고 생각하는 거죠. 이런 생각은 기독교에서 특히 교만하다고 여겨집니다. 기독교에서는 인간을 신의 형상을 본뜬 연약한 피조물로 보거든요. **인간 존재를 이렇게 과대평가하는 사람들은 쉽게 열등감을 느끼고, 스스로를 끝없이 압박하고, 자신을 비롯한 주변 사람들에게 과한 요구를 하게 됩니다.** 과도한 요구 가운데 일부라도 충족되지 않으면 바로 좌절과 실망에 빠지는 거죠.

내 담 자   인간이 만물의 영장인 건 맞잖아요?

디오티마   그럴지도 모르죠. 하지만 사람들이 자기 자신과 남들 때문에 겪는 고통을 생각해보면 저는 그 점이 의심스럽기도 해요. 기독교적 관점에 따라 사람을 만물의 영장으로 인정한다고 하더라도 여전히 창조자인 신에게 의존하는 피조물에 지나지 않아요. 인간이 무언가를 해내고 이룰 수 있는 것도 더 높은 곳에 있는 힘의 주체 덕분입니다. 또 기독교적 시각에서 인간은 근본적으로 죄인에 불과해요. 인류학적 시각으로도 호모사피엔스는 여전히 부족한 존재고요.

내 담 자   다른 사람들은 그렇지 않은데, 왜 저만 자꾸 잘못된 행동을 하는 걸까요?

디오티마   진심으로 다른 사람들은 아무 실수도 안 한다고 생각하세요? 소크라테스는 '너 자신을 알라!'고 했습니다. 이 말대로 살지 않고서는, 즉 우리 자신을 알지 못하고는 절대 행복한 삶을 꾸려나갈 수 없다는 뜻입니다. 자신을 먼저 알면 다른 사람도 더 잘 이해하게 될 거예요.

내 담 자   네, 근데 전 이미 저 자신에 관해 수없이 생각했지만 별로 바꿀 수 있는 게 없었어요. 부담은 날로 더 커지고, 기분은 처지기만 하고, 점점 더 제 안으로 침잠하게 되던데요.

디오티마 고대 그리스인들의 정신을 잘못 해석하신 겁니다. 말씀드린 격언은 단순히 '나'를 제대로 알라는 뜻이 아닙니다. 인간은 영원히 살 수도 없고, 지극히 미미한 것만 알고 살아갈 뿐이며, 부족한 이해력으로 생각하느라 매일같이 혼란스러워하며 잘못을 거듭하는 존재예요. 인생 자체도 대단히 복잡한데, 정신생활도 그에 못지않게 복잡해요. 그러니 서로를 더 잘 이해하려 노력해야 합니다. 하지만 그러한 근본적인 사실까지 성찰하는 경우는 드물어요. 생각이 깊은 사람들 조차도요.

내 담 자 그렇다면 차라리 자기 성찰을 아예 안 하는 편이 낫지 않나요?

디오티마 그건 욕조에 담은 목욕물을 버리겠다고 그 안에 있던 아이까지 내다 버리는 꼴입니다. 성찰을 하되, 잘해야 합니다. 잘하는 방법을 이야기하기에 앞서 교각살우라는 말을 기억하세요. 완벽한 사람은 없습니다. 모두 저마다의 결점과 약점을 갖고 있어요. 우리는 한배를 탔습니다. 누구도 남들보다 더 나은 인간이어야 할 필요가 없죠. 누군가가 다른 누군가를 밟고 그 위에 올라서 있는 게 아닙니다. 모두 저마다 자신의 짐을 지고 있지요. 자기가 남들보다 낫다고 말하는 상황이란 마치 환자복을 입고 입원실에 나란히 누워서 그래도 자신이 조금이나마 더 건강하다며 옆에 누운 다른 환자를 깔보고 비웃는 꼴과 다를 바 없습니다.

반대도 마찬가지예요. 자신이 남보다 부족하다고, 나쁜 상황에 처했다고 좌절할 필요가 없습니다. 모든 사람은 똑같이 가치 있으니까요. 남들에게 표현하는 존경, 존중, 경외, 인정을 자기 자신에게도 똑같이 표현하세요. 그것도 가장 먼저요. 자신을 용서하지 못하는 사람은 다른 사람도 용서할 수 없습니다. 스스로에게 좋은 친구가 되지 못하면, 다른 사람에게도 좋은 친구가 되어줄 수 없어요. 자신을 사랑할 줄 모르는 사람은 남도 사랑할 수 없습니다. 그리고 남을 사랑할 줄 모른다면 남들에게서 사랑받지도 못하죠.

내담자 하지만 스스로에게 뭐든 허용해주는 건 아무 생각 없이 사는 거나 마찬가지 아닌가요?

디오티마 자기 자신을 방치해도 된다는 건 아니에요. 더 나은 사람이 되려고 하지 않는 건 좋은 사람이 되기를 단념하는 거나 마찬가지니까요. 스스로를 단죄할 때 비로소 실천철학이 시작된다는 말도 있죠. 하지만 오해의 소지가 있는 표현이에요. 자기비판의 측면에서 말한 거지 한 인간을 통째로 판단하라는 말은 아니니까요.

자녀를 비롯한 타인들에게 좋은 사람이 되지 못해 스스로를 비난한다고 말씀하셨죠. **그런데 좋은 사람이란 게 뭐죠? 이해심이 많고, 다른 사람에게 친절히 대하고, 실수했거나 약점이 드러나도 넓은 마음으로 포용하는 사람을 좋은 사람이라고**

하잖아요. 그런 선한 대우는 자기 자신에게도 해줘야죠. 세상을 용서하지 못하는 사람이 많지만, 더 큰 문제는 자기 자신도 용서하지 못하는 거예요.

내담자 하지만 부단히 나아지려고 하면서도 잘못할 때마다 쉽게 용서하는 건 모순 아닌가요? 그럴 거면 애초에 왜 나아져야 하죠? 실수나 약점, 결함이 드러난다 한들 내가 나를 용서하면 그만인데요?

디오티마 자기 성찰은 해야 하지만, 흑백논리는 조심해야 합니다. 인생은 온갖 반대되는 것으로 가득합니다. 정반대이거나 팽팽한 긴장을 이루는 관계에서 적절한 균형을 유지해야 하는 일들이 널려 있어요. 문제의 해결책을 구할 때는 보통 올바른 기준부터 찾습니다. 올바른 기준이 많은 걸 해결하거든요. 우리는 스스로에게 무엇이 유익하고 무엇이 해가 되는지 끊임없이 질문하고 내면을 들여다보아야 합니다.

자신을 비난하는 건 내가 한 행동과 생각, 나의 의지와 감정이 내가 평소에 옳고 선하다고 여기던 기준과 일치하지 않을 때만 해야 합니다. 하지만 사람들은 아침에 눈을 떠서 밤이 되어 잠드는 순간까지 자기 비난을 일삼죠. 스스로 고통을 자초하는 겁니다. 하루하루 조금씩 더 현명해지거나 더 나아지려고 노력하는 건 바람직하지만, 스스로 압박을 가하고 도달할 수 없는 수준을 요구하는 건 자신을 괴롭히는 것밖에 되지 않습

니다. 정원사가 정원을 가꾸듯 끈기와 인내를 가지고 수행해야
해요.

적어도 일주일에 한 번쯤은 카페에 가서 나의 기분, 내가
잘한 것과 잘못한 것, 앞으로 실천할 계획이나 하지 말아야 할
것 등을 곰곰이 생각해보세요. 제가 수년간 해온 방법이기도
해요. 저는 생각을 정리해둘 만한 다이어리를 늘 가지고 다녀
요. 생각을 글로 써 내려가다 보면 여태 제대로 보지 못했던 나
자신의 면모를 발견하게 되고, 그 시간이 쌓여서 어느새 스스
로가 어떤 사람인지 꽤 잘 이해하게 되죠. 저는 그렇게 해서 나
를 알고 주변 사람들도 더 잘 이해하게 되었어요. 인간의 정신
생활이 어떻게 이뤄지는지, 사람들이 어떤 행동을 왜 하는지
많이 배우기도 했고요.

물론 그래도 나 자신을 완전히 안다고는 말할 수 없습니다.
설령 완전히 알 수 있다 해도 그게 꼭 좋은 일만은 아닐지도 모
르죠. 미처 몰랐던 자기 모습을 발견하고 놀라는 것도 물론 자
연스러운 일이에요. 하지만 주기적으로 시간을 내 자기 자신을
성찰함으로써 표면적인 약점과 흠결 너머에 있는 더 깊은 상처
를 발견하는 것도 바람직해요. 저도 같은 방법으로 약점과 흠
결을 없애거나 줄여 저를 바꿔나갈 기회를 가졌답니다. 당신도
한번 시도해보면 좋겠어요.

저는 지나간 일을 후회하지 않아요. 나는 단지 한 인간일
뿐이며, 인간으로서 가질 수밖에 없는 약점과 한계가 있을 뿐
이라고 되뇌죠. 실수는 나쁜 일이 아닙니다. 반복하는 실수만

줄이면 됩니다. 물론 말처럼 쉽진 않지요. 개인의 발전이라는 측면에서 우리는 모두 앞으로 나아가고 있어요. 잠시 길을 잃더라도 주변에 익숙해지고 곧 올바른 길을 찾을 겁니다. **잘못된 길만 찾아다녀서는 안 되겠지만 그렇다고 길을 잘못 들까 봐 두려움에 떨 필요까진 없어요.** 이게 바로 우리가 실수를 대하는 태도가 되어야 해요. 알면서도 내버려 두는 게 아니라, 두려워하지 않는 거죠.

내담자 구구절절 옳은 말씀이지만, 과연 제가 잘 해낼 수 있을까요?

디오티마 연습하세요! 연습만이 살길입니다. 자신을 너무 옥죄지 말고 약점을 받아들이세요. 자기 자신에게 요구하는 기준을 낮추고 인간은 원래 나약한 존재임을 잊지 마세요. 잘못하거나 잠시 실수하더라도 그저 원래 인간이 타고나기가 그런 거라고 생각하는 겁니다. 모든 걸 너무 진지하게 받아들이지 말고 가끔은 피식하고 웃어넘기는 법도 배우세요. 우리는 자기 자신이든 타인이든 높은 기준이 아니라 있는 모습 그대로 봐야 합니다. 처음에 말씀드린 교만이란 단어를 기억하세요. 자신에게 너무 높은 기대치를 설정하는 건 교만일 뿐입니다.

뭔가를 바꾸고 싶다면, 그래서 인생을 성공적으로 만들어나가고 기쁨을 누리고 싶다면, 파악할 수 있는 일정과 스스로 해낼 수 있는 범위 내에서 차근차근 바꿔나가야 합니다. 늘 적절한 균형을 잡는 것이 중요해요. 한 단계를 완료한 다음에 다음 단계로 나아가세요. 한 단계를 잘 끝내지 못했다면 다시 시도하면 됩니다. 아침마다 오늘 하루 동안 한 발짝만 더 나아가보겠다고 다짐하고 저녁이 되면 마음먹은 대로 잘했는지 되돌아보세요. 너무 조급한 마음에 지레 포기하지 말고 충분한 시간을 가지세요.

✻　✻　✻

여자는 몇 번 더 찾아왔다. 시간이 흐를수록 상태가 좋아지는 듯했다. 처음 몇 번은 웃음소리라고는 전혀 들리지 않았는데, 나중에는 종종 크게 웃는 소리가 들려오기도 했다. 한결 넉넉해지고 여유로워진 모습이었다. 디오티마가 인용한 말 가운데 기억에 남는 건 다음과 같다.

"나는 한 명의 인간이므로, 인간적인 것은 전혀 낯설지 않다."

푸블리우스 테렌티우스 아페르

"그 어떤 기적적이고 행복한 인생이라 하더라도
더 풍부하거나 더 크고 높은 인생은 없다.
모든 것이 그 안에서 작고 나약하다."

아테네의 안티폰

"재물은 말할 것도 없거니와 지혜와 힘도 자랑하지 말라.
오직 신만이 지혜롭고 강하며 재물을 베풀어줄 수 있다."

밀레투스의 포킬리데스

"온화함은 그 어느 집도 행복하고 평온하게 만든다."

세네카

"바보와 잘잘못을 가리기 위해 법정에 가는 건 좋지 않다.
가장 현명하다는 사람도 실수 앞에서 완벽하지 않고,
아무리 신중해도 잠시 정신이 산만해질 수 있으며,
아무리 걱정해도 피하고 싶었던 행동을 하게 될 수 있다."

세네카

"자기 자신을 아는 사람은 주변 사람들을 불평하지 않는다.
주변 사람들을 불평하는 것은
자기 자신에 대한 불만족스러움을 인정하는 것이기 때문이다."

순자

3

상처 받는 것도 습관이다

"지혜의 본질은 말이 아닌 행동에
있다."

— 세네카

❖ 40대 초반의 한 여자가 디오티마를 찾아왔다. 여자는 자리에 앉자마자 불평을 늘어놓았다. 자기는 머릿속에 아이디어가 넘쳐나서 뭘 시작하든 미처 마무리 짓기 전에 다른 데 손을 댄다고 말했다. 인생을 꾸려나가는 방식도 마찬가지여서 요가 수업도 등록하고 몇 번 나가지도 않아 그만뒀다. 기 수련도, 호흡 훈련도 마찬가지였다. 외부 자극에도 쉽게 흔들린다. 별것 아닌 일에도 화부터 들끓는다. 분노를 이기지 못하고 폭발해봤자 별 소용이 없다는 걸 알면서도 억제하기가 어렵다. 종종 다른 사람들하고 싸우고, 갑자기 욱하고, 날 선 말투와 단어를 쓴다. 그러고 나면 슬슬 미안해진다. 하지만 여전히 다른 사람을 비

난하길 반복하고, 그래서 이미 숱한 친구들이 그녀 곁을 떠났다. 자식들이 잘못할 때도 쉬이 인내심을 잃고 마구 혼을 냈다. 지나치게 충동적이란 걸 본인도 알지만 바꾸기가 어렵다. 바꾸고 싶은 마음은 굴뚝같은데, 어떻게 해야 한단 말인가?

* * *

디오티마 소크라테스의 스승인 디오티마는 인간이 습관의 포로라서 평생토록 벗어나기 어렵다고 말했습니다. 습관은 행동뿐만 아니라, 생각과 말, 소망, 의지, 가치, 태도, 희망과 두려움을 품는 마음마저 모두 포함해요. 습관들은 서로 밀접한 관련이 있어서 행동 방식과 사고방식을 바꾸고 싶다면 여러 물밑 작업을 동시에, 자주 해줘야 합니다. 뭔가를 바꾸고 싶다는 소망은 인격의 총체를 형성하는 것이기도 해요. 그나저나 정말로 변하고 싶은 건 맞죠?

내 담 자 네, 그러니까 여기 왔죠. 그런데 성격은 못 바꾸는 것 아니었나요? 날 때부터 유전자에 새겨져 있잖아요.

디오티마 물론 타고나는 점도 많습니다만, 성격의 상당 부분은 태아기와 유아기에 각인된 경험으로 형성됩니다. 이것조차 평생 바꾸지 못하는 건 아니죠. 운동을 해서 튼튼한 몸을 만들 수 있듯이 성격도 노력하면 바꿀 수 있습니다. 누구든 아침마다 송아지를 두 팔로 안아 드는 연습을 하면 나중에는 소 한 마리를 번쩍 든다고 해요. 보디빌더도 보세요. 수년간 훈련한 끝에 탄탄한 몸이 됐지 태어날 때부터 근육질이었던 건 아니잖아요. 그들의 몸도 운동하기 전에는 우리와 크게 다르지 않았을 거예요.

　사람에겐 두 가지 성격이 있어요. 하나는 태어날 때 주어진 성격, 다른 하나는 스스로 만들어가는 성격이죠. 운동하는 사람들은 입을 모아 말합니다. 무엇보다 꾸준하게 해야 한다고요. 생각, 의지, 행동, 감정을 가꾸는 것도 마찬가지입니다. 꾸준히 훈련해야 하죠. 언젠가 현기증으로 괴로워하는 사람을 봤어요. 그 사람은 곰곰이 고민하다가 높이 솟은 교회 탑을 날마다 천천히 올라보자고 마음먹었죠. 3주 동안 하루도 빠짐없이 탑에 오른 끝에 마침내 현기증을 극복했고, 급기야 세계에서 가장 높은 산을 등반하는 데까지 성공했죠.

　사람은 살면서 자신을 끊임없이 바꿔나갑니다. 성격, 자아, 행동 방식, 습관은 강물처럼 끊임없이 흘러가는 거예요. 내일의 나만 해도 오늘의 나와는 다른 사람입니다. 우리가 그 변화를 미처 인지하지 못할 뿐이죠. 당신에게 깨달음을 주고 당신의 인생을 송두리째 바꿔놓은 일이 있다면 한번 떠올려 보세요. 깨달음과 변화는 스스로 알아차리기도 전에 진행될 때가 있죠. 설사 그렇지 않더라도 주의를 기울여 바꿔나가다 보면 어느새 큰 산도 들어 옮길 수 있게 됩니다. 인생이라는 자기 집의 주인이 되고, 삶이라는 바다를 항해하는 내 배의 항해사가 됩니다.

내담자   그걸 제가 할 수 있다고요? 어디서부터 어떻게 시작해야 하죠?

디오티마   일단 습관을 바꾸는 것 자체가 힘들고 피곤한 일이며, 결단력, 끝없는 연습, 인내, 끈기 등이 많이 필요하다는 사실을 인정해야 해요. 시간도 오래 걸리죠. 대가를 치르지 않고서는 아무것도 바꿀 수 없고 다른 노력도 그저 밑 빠진 독에 물 붓기나 다름없어요.

　인도에 계신 제 요가 스승님이 한번은 지혜에 이르는 길에 관해 이렇게 설명하셨어요. 성격을 바꾸고, 인격을 다듬고, 나쁜 버릇을 고치고, 분노, 짜증, 증오, 시기, 질투, 욕심, 두려움 등의 부정적인 감정을 극복하는 과정은 모두 네 단계로 이뤄져 있다고요.

　가장 먼저 지금 나를 괴롭게 하는 부정적인 감정의 원인이 결국은 내 안에 있음을 인정하는 겁니다. 외부 요인은 우리 안에 뿌리내린 부정적인 감정의 싹을 틔우는 촉발제일 뿐이죠.

　그런 다음에는 문제의 원인을 찾는 겁니다. 원인을 찾고 나면 해결할 방법도 보여요. 여기까지 했으면 그 즉시 원인을 해결해야 합니다. 원인 자체를 완전히 제거하려면 나를 괴롭히는 부정적이고 고통스러운 감정에서 자유로워질 때까지 지치지 않고 계속 노력해야 해요. 고통스러운 감정만 그때그때 누그러뜨리는 건 당장의 괴로움을 가라앉히는 데는 효과가 있을지 모르지만, 임시방편일 뿐이죠. 돌아서면 제자리예요. 부정적인 감정을 일으키는 근본 원인을 뿌리 뽑아야 합니다.

내담자 아직 잘 와닿지 않네요. 원인을 알아내고 그걸 없애는 일이 정확히 어떤 과정이죠? 예를 좀 들어주시겠어요?

디오티마 사람들에게 걸핏하면 화가 나고 남들과 자주 싸운다고 하셨죠. 그런데 왜 스스로를 분노의 감정에 휩싸이도록 방치하나요? 화를 참기 그토록 어려운 이유가 뭐라고 생각하세요?

내담자 그냥 저도 모르게 그렇게 되어버려요.

디오티마 그것 보세요. 원인을 모르잖아요. 세상 모든 일엔 원인이 있습니다. 사람이 다른 사람에게 화가 날 때는 상대가 나를 해치거나, 무시하거나, 마땅히 받을 만한 평가를 해주지 않거나, 아니면 실제론 그러지 않았더라도 상대가 자신에게 그런 행동을 했다고 느낄 때입니다. 정당하지 않은 이유로 나를 헐뜯거나 비판한다면 더더욱 화가 나죠. **인간이라면 모름지기 거부당하는 느낌을 받으면 받을수록 인정, 존경, 존중을 더 갈망하게 됩니다.** 거부당하는 걸 견디질 못하죠. 그래서 고통스러운 거예요.

내담자 그럼 어떻게 해야 하죠?

디오티마　더 단단해져야 합니다. 자기 안에 에너지의 원천을 만들고 자기 가치를 스스로 인정하는 겁니다. 강인한 사람은 웬만해선 무시당한다는 기분을 느끼지 않습니다. **땅에서 개가 짖는다고 하늘 위에 뜬 달이 괴로워하나요?** 인정받는 느낌을 남에게 의존하면 안 됩니다. 남에게 인정받기를 포기하는 연습을 하세요. 자기 가치는 자기 안에서 찾는 겁니다.

내 담 자　그게 가능한가요?

디오티마　그럼요. 상처 받는 느낌이 들 때마다 거기에 반발하고 한마디 쏘아붙이고 싶어지는 건 당신이 스스로 만들어낸 쓸데없는 감정이에요. 남이 당신의 약점과 결함을 지적하면 가볍게 인정해버리세요. 그리고 속으로 되뇌세요.

'다른 사람의 생각에 휘둘리지 않겠다. 나는 내 마음의 평안을 다른 사람의 칭찬과 인정에 걸고 싶지 않다. 나는 내 강점과 약점이 뭔지 누구보다 잘 안다. 남들이 어떻게 생각하건 상관없다. 나는 누가 나를 칭찬한다고 해서 더 나은 사람이 되지 않으며, 누가 나를 비난한다고 해서 더 나쁜 사람이 되지 않는다. 나는 진정한 내가 되고 싶을 뿐이다. 그저 조금 더 좋은 사람이 되려고, 무슨 일이든 가능한 한 잘해보려고 노력하면 된다. 다른 사람들이 무슨 생각을 하든 그러려니 하고 내버려 두자. 나를 정당하게 비판한다면 기꺼이 거기서 뭔가를 배워 고치려고 노력하면 된다. 변화하고 성장할 기회를 얻었으니 나는 도리어 기뻐할 것이다. 반대로 정당하지 않은 비판이라면 나는 바위처럼 침착함을 유지한 채 꿈쩍도 하지 않을 것이다.'

내 담 자　하지만 사람이라면 누구나 인정을 갈망한다고 하셨잖아요?

디오티마　네. 하지만 인정을 찾아 헤매거나 다른 사람의 인정에만 목을 매면 안 됩니다. 인정받는 느낌은 내 안의 것을 정성껏 가꾸는 일에 최선을 다하는 과정에서 생겨나야 해요. 우리를 이롭게 하는 것은 대개 찾고 싶다고 바로 찾아지는 것이 아닙니다. 찾아 나서서 구하는 게 아니라 내 안에서 얻어야 하는 거죠. 행복도 내 안에서 느껴야 하듯 인정도 결국 내 안에서 느껴야 합니다.

　쉽게 화가 난다는 당신의 성격은 상처 받은 자기애에서 비롯한 나쁜 감정 습관이에요. 상처 받은 자기애가 인정받고 싶은 욕구를 더욱 강하게 자극해서 내 자존심을 타인의 판단에 맡겨버린 겁니다. 그러니 무엇보다 당신의 허영, 부풀려진 자기애에서 벗어나야 합니다. 다른 사람이 당신을 비판하거나 무시해 화가 나기 시작하면 속으로 이렇게 말하면서 자신에게 경고하세요. '이 감정은 실체가 없는 감정이다. 다른 사람이 내 자존감을 좌지우지하지 못한다. 강인해지자. 침착하자.'

내 담 자　전 한 번 흥분하면 머릿속이 새하얘지는걸요.

디오티마　아직은 그럴 거예요. 꾸준히 연습해야 하는 이유죠. 공격받는 느낌이 들거나 부글부글 화가 나는 순간 마음에서 반짝하고 빨간불이 켜지는 날이 올 때까지요. 그런 경고 신호가 방금 얘기한 모든 사실을 다시 떠올리게 하고, 짜증과 분노로부터 한 발짝 물러서게 할 겁니다. 내면의 반응 회로를 바꾸는 일이 하루이틀 연습한다고 되는 건 아니죠. 내 안에 깊숙이 뿌리내린 것일수록 힘들어요. 첫 마라톤에 도전하기 위해 이제 막 조깅을 시작했다고 생각하세요. 조급하게 굴 이유가 없습니다.

　전에 당신과 성격이 비슷한 사람을 만난 적이 있어요. 그는 자기 성격을 뜯어고치려고 아침마다 현관문을 나서기 전에 속으로 이렇게 다짐한다고 하더군요. '오늘도 나는 어김없이 기분이 상한 사람들, 화를 꾹꾹 눌러 담은 사람들, 밤새 잠을 못 잤거나 아침을 먹다가 아내와 싸우고 나온 사람들을 만날 거야. 그들 중 몇몇은 자기 기분을 나한테 풀려고 하겠지. 하지만 전부 흘려듣겠어. 그들은 나에게 상처 주지 못해. 그 사람 문제까지 내 문제로 만들 필요는 없으니까. 오히려 저런 문제가 나에겐 없다는 사실에 기뻐할 거야.'

　그는 저녁에 집에 돌아와서 자신의 하루를 점검했어요. 확실히 화내지 않은 날이 늘었고 화를 내더라도 강도가 눈에 띄게 약해졌죠. 몇 주간을 연습한 끝에 새로운 감정 습관이 내면에 자리 잡았고 소소한 공격에도 완전한 방어 메커니즘이 바로바로 작동하게 되었답니다. 나중에는 어떠한 공격에도 무덤덤해졌어요. 짜증도 나지 않았죠. 결국 그는 살면서 싸움 자체를 더는 하지 않게 되었다고 해요.

내 담 자 싸움은 건강한 행위이기도 하잖아요.

디오티마 서로 의견을 다툴 때는 그렇지만, 상대를 공격하기 위한 싸움은 조금도 건강하지 않아요. 파괴적이기만 하죠. 부정적인 감정을 처리하는 다른 방법도 많지만 그건 다음번에 더 알려드리도록 하죠. 이런 생각 패턴은 하나의 사례일 뿐 중요한 건 이런 사례들 속에 깃든 원리를 제대로 이해하는 거예요. 꾸준한 연습을 통해 내면의 반응 회로를 다시 프로그래밍하여 완전히 내 것으로 만들면 자극에 따른 반응 회로가 새롭게 구축됩니다. 외부에서 오는 자극은 같지만, 이제 나는 다르게 받아들이고 따라서 다른 감정을 갖게 되는 겁니다. 이전에는 쉽게 흥분했던 일도 대수롭지 않게 넘기고 침착한 상태를 유지하는 거죠.

그렇게 되기까지는 많은 연습과 시간이 필요해요. 인간의 뇌는 끊임없이 변하지만, 관성의 힘도 꽤 세니까요. 자극과 반응 사이에 새로운 연결을 만들어내려면 그만한 대가를 치러야 합니다. 많은 사람이 이 과정에서 인내심을 잃고 결국 원래대로 돌아가고 말죠.

내 담 자 도대체 얼마나 걸릴까요?

디오티마 딱 잘라서 말하긴 어려워요. 바꾸려고 하는 습관이 무엇인지, 그 습관이 얼마나 견고하게 자리 잡았으며 사고, 의지, 행동을 얼마나 강력히 통제하는지에 따라 다르니까요. 또 자신이 그 습관을 얼마나 즐기는지도 중요하죠. 흡연, 과식, 과음과 같은 나쁜 습관을 바로잡는 건 보통 일이 아니에요. 아주 오랫동안 부단히 노력하지 않는다면 예전으로 돌아가는 건 시간문제입니다.

　너무나 깊이 뿌리내리고 있어서 평생을 노력해도 완전히 극복하거나 떨쳐내기 어려운 습관도 있어요. 그럴 때조차도 나쁜 습관을 바꾸려는 노력은 의미가 있습니다. 완전히 없애긴 어렵더라도 부정적인 영향은 줄일 수 있고, 고통 역시 점점 더 통제 가능한 범위에 들어올 테니까요. 즉, 고통을 노련하게 다루는 법을 배우는 거죠. 사람마다 속도는 다 다릅니다. 중요한 건 한 걸음씩 꾸준히 앞으로 나아가는 겁니다.

내담자 죽을 때까지 변하려고 몸부림치란 말인가요?

디오티마 그건 각자가 알아서 결정할 문제랍니다. 아무도 당신에게 강요하지 않아요. 지금보다 더 행복하게 살라고 주문하는 사람도 없고요. 얼마나 노력할지는 스스로 판단하는 겁니다. 단, 일이 뜻대로 되지 않거나 삶이 불만족스럽다고 해서 불평하지는 마세요. 문제의 원인을 다른 사람이나 상황에 전가하지도 말고요. 자기 일은 스스로 책임지는 거예요.

사실 우리의 성격 자체가 우리의 운명입니다. 우리는 우리가 가진 습관의 총체지만, 나의 습관은 결국 내 삶의 방식이 만든 거죠. 내가 생각하고 말하는 방식, 행동하거나 행동하지 않는 방식, 중요하게 생각하는 가치와 태도가 우리 삶을 결정한다는 얘기입니다.

내담자   하지만 운명은 외부 요인에 좌우되는 거잖아요.

디오티마   그렇기도 하고 아니기도 해요. 사건은 외부에서 일어나죠. 외부에서 일어나는 사건은 우리 힘으로 어쩔 수 없는 게 맞아요. 하지만 사건에 어떻게 반응할지, 어떤 감정을 느낄지는 자기 자신에게 달렸어요.

　예를 들어볼게요. 모처럼 영화를 보러 나간 날 갑자기 영화 상영이 취소됐어요. 이때 실망하고 화를 낼 수도 있겠지만, 반대로 아무렇지 않게 가까운 바에 들어가서 칵테일을 마시며 즐거운 시간을 보낼 수도 있어요. 즉흥적인 결정이 오히려 영화를 봤을 때보다 더 큰 즐거움을 안겨줄지도 모르죠. 우리 삶에서 벌어지는 모든 일이 이렇다고 보면 돼요. 외부에서 벌어진 사건이 좋은가 나쁜가 하는 문제보다 그것을 어떻게 받아들이고 처리하느냐가 진짜 중요한 일인 거죠.

　제 요가 스승님이 말씀하셨다는, 습관을 바꾸는 네 단계 이야기로 돌아가 볼게요. 마지막 단계가 새로운 사고방식과 행동방식을 끈기 있게 연습하기였죠. 스승님은 고대의 위대한 현자인 파탄잘리에게서 이 교훈을 배우셨대요. 이 고대 현자도 지혜에 이르는 길에서 모든 곳에 적용할 수 있는 보편적인 방법을 알게 되었다고 해요. 그 방법으로 어떤 고통도 극복할 수 있고 누구나 행복한 삶을 살 수 있다고 말했답니다.

내 담 자 그 방법이 뭔가요?

디오티마 건강하고 유쾌한 사고방식을 실천하는 과정이 우리의 삶임을 이해하고, 내면의 성장과 성숙의 원리를 삶의 모든 영역으로 확장하는 겁니다.

내 담 자 무슨 소리죠? 더 설명해주세요.

디오티마 이 현자는 누구나 그렇듯이 삶에서 계속 마주할 수밖에 없는 고통으로부터 자유로워지고 싶어 했어요. 고통을 없애는 것이 가능한지, 가능하다면 무엇을 어떻게 해야 하는지 오랫동안 골똘히 생각했죠. 사람들에게서 공통으로 발견되는 법칙에서부터 생각을 이어나갔습니다. 습관이란 생각, 말, 행동, 의지에서 비롯하며, 이 습관들이 우리의 성격을 형성합니다. 성격은 앞서 말했듯이 우리의 운명을 결정해요. 현자는 거기서 결론을 내렸어요. **자기 자신에게 집중해서 나를 힘들게 하는 어떤 것을 생각하거나, 원하거나, 말로 뱉거나, 행동하지 않는 연습만 제대로 해도 인생에서 고통은 사라지거나 확연히 감소**

할 것이라고요. 그는 성공적인 인생으로 향하는 여덟 개의 길을 제안했어요.

하나, 올바르게 생각하기. 구체적으로 말하면 선하고 현명하고 유익한 생각을 해야 한다는 거예요.

둘, 올바른 태도 취하기.

셋, 올바르게 말하기.

넷, 올바르게 행동하기.

다섯, 올바른 직업 가지기. 나 자신에게 잘 맞고, 스스로 편안함을 느끼고, 나의 행복에 도움이 되는 일을 하자는 겁니다.

여섯, 올바르게 연습하기. 진심을 다해 꾸준히 연습해야 합니다.

일곱, 올바르게 실행하기. 앞의 것들을 신중하게 주의를 기울여 실행에 옮기자는 말입니다.

여덟, 올바르게 명상하기. 내면의 중심에 도달하여 깨달음을 얻어야 합니다.

현자는 이 모든 과정을 언제나 온전한 자신의 것으로 여겨야 한다고 했어요. 잠시 걸음을 멈춰 내가 지금 어디에 서 있는지, 내가 실제로 어떻게 행동하고 있는지, 내가 여전히 진실되고 올바른 길에 서 있는지 살피고 인지해야 한다는 거죠.

내 담 자   이해하기 너무 어렵네요.

디오티마   그럼 다르게 설명해볼게요. 현자는 이렇게도 말했어요. 당신이 생각하는 것, 말하는 것, 행동하는 것, 당신에게 중요한 것, 당신의 지갑을 열게 하는 것을 집중해서 잘 관찰하면서 자신의 감정이 어디에서 왔는지 주의를 기울여 살펴보는 거예요. 이런 과정을 포기하지 말고 몇 번이고 반복해야 합니다. 시간을 따로 내어 내면에 귀를 기울이고, 여전히 발전 궤도에 서 있는지 확인하세요.

내담자   할 게 너무 많네요. 삶이 언제쯤 쉬워질까요?

디오티마   시간이 지나야 해요. 처음엔 힘들지만 갈수록 쉬워질 거예요. 마지막엔 이 문제를 의식조차 하지 않게 되겠죠. 알아서 돌아갈 테니까요. 당신의 감정, 본능, 직관도 모두 거기에 맞춰 재정비될 겁니다. 한번 시도해보세요. 처음엔 가볍게 딱 한 번만 연습해보는 거예요. 첫술에 배부를 순 없으니까요.

* * *

여자는 꽤 자주 다시 찾아왔고 올 때마다 진전이 있어 보였다. 목소리가 점점 밝고 편안해졌으며 이전보다 차분해졌다. 더는 조급해하거나 긴장하는 것 같지도 않았다. 디오티마는 항상 내면에 집중하라고 강조했고, 앞으로 나아가는 데 필요한 추진력, 자신감 등을 가지라고 조언했다. 때때로 그녀는 말수가 줄면서 슬퍼하기도 했고 어떨 때는 다시 예전으로 돌아가는 것 같기도 했다. 그렇지만 이런 모습 역시 정상적인 과정이라고 생각한다.

그녀도 자신이 일관성이 없다고 느끼는 듯했다. 하지만 디오티마는 그녀에게 인내심을 가지라고, 자신에게 너무 엄격한 잣대를 들이대지 말라고, 그럴 땐 그저 생각을 비우고 운동을 하거나 몸을 움직이라고 말했다. 살면서 갑자기 날벼락처럼 들이닥치는 기분을 피하기는 어렵다. 그때는 그저 묵묵히 견디고 차분히 버티는 수밖에 없다. 디오티마에게서 들은 인상 깊은 구절 몇 가지를 소개하겠다.

"배우고 때때로 익히면 기쁘지 아니한가?"

공자

"어떤 일에 익숙해지는 건 그 일을 할 수 있는 능력으로 이어지고,
어떤 것에 대한 이론적 지식은
그것에 관해 말할 수 있는 능력으로 이어진다."

무소니우스 루푸스

"제대로 배운 적이 없는 것을 너무 자주 말해서는 안 된다."

세네카

"연습을 멈추지 않는 자는 멀리 갈 것이다."

『바가바드기타』

"사람은 연습과 좋은 습관으로 지혜를 얻는다."

플라톤

"철학은 지식과 정신이라는 두 면으로 구성돼 있다. 지식을 배워서
무엇을 하고 하지 말아야 할지 잘 알게 되더라도, 배운 것을 정신에
접목해 내면의 변화를 이루기 전까지는 아직 현명하다 할 수 없다."

세네카

4

변하는 나와 변하지 않는 나

"내면의 실체는 외부로 나타난다.
현명한 사람은 한결같이
자기 자신의 것,
자기만의 것에 집중한다."
―『예기』

❖ 서른 살쯤 되는 젊은 남자가 디오티마를 찾아와 조언을 구했다. 지금까지 그의 삶은 매우 성공적이었다. 이루고자 하는 바를 거의 다 이루었고, 일에서나 개인으로서나 계획한 것들을 척척 실행해왔다. 워라밸을 잘 지키면서 회사에서도 좋은 성과를 냈다. 일하는 시간도 즐거웠다. 오래전부터 결혼을 약속한 애인도 있는데, 같이 살지는 않지만 많은 걸 함께하고 세상 누구보다 서로를 잘 이해한다. 언젠가 결혼을 하고 가정을 꾸릴지도 모르겠으나 아직은 둘 다 일이 먼저다. 이처럼 삶에 특별한 문제는 없었지만, 남자는 현재 자신이 진정한 나로 살고 있는지, 다시 말해 자신의 본성에 따른 삶을 살고 있는지 궁금해

했다. 그리고 그렇게 살고 있음을 어떻게 확신할 수 있는지 알고 싶어 했다.

※　※　※

디오티마　그건 확신하기가 어려워요. '확신'이라는 단어부터가 문제를 명확히 해주네요. 사람은 다른 생명체들과 마찬가지로 날마다 성장하고 끊임없이 변해요. 변하기를 멈추고 가만히 머물러 있는 건 살아 있다기보다는 죽은 상태에 가깝죠.

내 담 자　하지만 모든 일이 술술 풀리고 만족스러운데, 왜 뭔가를 바꿔야 할까요? 또 진정한 나라는 게 있다면, 그건 바뀌지 않는 무언가가 아닐까요? 제 생각이 틀렸다면 자기 인식과 자아실현이 무슨 의미가 있죠? 또 참모습이란 무엇이며, 그렇게 사는 방법 또한 없는 것 아닌가요?

디오티마　좋은 질문이에요. 진실함, 나다움, 참모습 등은 우리 삶의 방향, 목적, 형태를 결정하는 매우 중요한 가치입니다. 이 가치를 따르고 하루하루의 일상에서 구현해낼수록 자신의 삶에 더 깊이 만족하겠지요. 하지만 그 사실을 인정하면서도 삶이란 본질적으로 계속 움직이고 변화한다는 점 또한 간과해서는 안 됩니다. 발전하기를 멈추는 순간 삶은 멈춰버려요. 똑같은 상태에서 비롯하는 단조로움은 우리 삶을 메마르게 하고 공허하게 만듭니다. 나이가 지긋한 어느 중국인이 저에게 이런 말을 했어요. '흐르는 물은 썩지 않는다. 낚싯대는 움직임을 멈추지 않아야 벌레 먹지 않는다. 사람의 몸과 마음도 그러해야 한다.'

내담자 아니요. 제 경우는 달라요. 실현하기 위해 찾아야 할 자아가 없으니까요. 뭘 향해 나아가야 하는지 모르겠어요.

디오티마 그래서 제가 아까 자기 자신의 삶을 살고 있는지를 확신하기가 어렵다고 말씀드린 겁니다. 헤라클레이토스의 말처럼 인간은 같은 강물에 발을 담글 수 없습니다. 강물은 계속 흘러가니까요. 하지만 물이 달라진다고 해도 강은 계속 같은 강입니다. 강물은 쉬지 않고 흐르지만, 그 밑엔 단단하고 변치 않는 강바닥이 있거든요. 바로 이것이 고대 현자들이 정신적인 삶의 이상으로 삼은 지혜입니다. 이를 두고 '움직임 속의 평온'이라고 부릅니다.

사람의 생을 더할 나위 없이 잘 표현했죠. 사실 어떤 일이 벌어져도 한 사람의 성격을 이루는 핵심 요소는 잘 변하지 않습니다. 살면서 내가 바람직하다고 판단한 삶의 가치, 신념, 태도는 잘 바뀌지 않아요. 수많은 배움과 경험이 쌓여 이뤄진 나만의 사고방식이니까요. 때때로 개선해야 할 점도 발견하겠지만 보통은 신중하게 그리고 내 정체성을 그대로 유지하면서 변화해나가죠.

하지만 각각의 개별적인 상황과 중요한 결정의 순간에는 유연성과 융통성을 발휘해야 합니다. 실제로는 아무것도 정해진 바가 없고 강제되는 바도 없으니까요. 살면서 완전히 동일한 상황을 두 번 마주칠 일은 없습니다. 바깥의 모든 존재가 끊임없이 변하듯 세상의 일부인 우리의 삶도 끊임없이 달라집니다. 우리의 내면도 외부의 변화에 적응하며 조금씩 바뀌죠. 몸과 정신은 끝없이 움직입니다. 비록 알아차리지 못하더라도 계속해서 변하고 있어요.

내담자 그렇다면 나라는 사람은 누구인가요? 그 설명에 따르면 제가 실현할 수 있는 자아라는 게 존재하기는 하나요? 사람이나 상황이 내 삶의 방향을 보여주는 건가요?

디오티마 나무는 계속 자라지만 언제나 나무의 형태를 유지하죠. 자아도 끊임없이 흘러가는 강물의 흐름 같은 것이지만, 동시에 강바닥과 같은 틀도 가지고 있어 그런 흐름에 형태와 정체성을 부여합니다. **우리 자신은 틀을 가진 형태이자 동시에 그 틀을 따라 흐르는 하나의 흐름입니다.** 이 개념을 이해하기 어렵다면 실제로 적용하기는 더 어렵습니다.

개인적인 정체성은 견고하게 유지하되 마음을 열어 바꾸려는 의지도 함께 갖는 겁니다. 이처럼 조화롭게 자신의 삶을 꾸려나간다는 건 쉽지 않은 일이지만, 그것이 가능할 때 비로소 우리가 모두 갈망해 마지않는 인생이 실현됩니다. 인생에 평온함만 있고 변화나 움직임은 없다면 생기는 사라질 겁니다. 생기가 사라지면 구체적이면서도 유일무이한 삶의 상황마다 하나하나 다르게 반응하지도 않겠죠. 자기 책임과 자유를 잃게 되는 겁니다.

내 담 자 제 질문에 대한 답은 아닌 것 같은데요?

디오티마 아니에요. 이미 답을 드렸습니다. 당신에게 알맞고 당신이 만족하는 가치, 태도, 인생관을 먼저 찾아보세요. 그리고 그것을 성실히 따르되, 실제 삶에서 어떻게 적용할지에 대해서는 유연하고 열린 자세로 접근하세요. 당신이 가진 여러 가치의 지평이나 세계관을 넓힐 새로운 경험과 통찰에는 늘 깨어 있으세요. 우리는 살면서 다양한 단계를 거칩니다. 외부 조건이 변하기도 하고 절실히 필요한 것의 우선순위가 달라지기도 하죠. 그러니 현재 자신이 어떤 여건에서 어떻게 살아가고 있는지 주기적으로 냉정하게 점검할 필요가 있습니다.

내면에 귀를 기울여 혹시라도 자신을 속이고 있지는 않은지, 겉치레만 하며 살고 있지는 않은지, 자신에게 아무런 도움도 안 되는 일을 하고 있진 않은지 면밀하게 체크하세요. 갈등을 피하며 아무렇지도 않은 척, 괜찮은 척하고 있을지도 모르거든요. 아울러 나의 영혼을 힘들게 하는 방해 요인은 없는지, 자유롭고 문제없는 인생을 누리고 있는지, 내면에 불협화음이 없는지도 살피세요.

내담자   전 아무 느낌도 안 드는데, 어떡하죠?

디오티마   자신이 편안한지 불편한지 그조차도 모를 수 있죠. 아직 과도기로 딱히 감정의 원인이 없는 일시적인 상태일 수도 있습니다. 그럴 땐 인내심을 갖고 기다리세요. '구름이 모여든다'라는 말을 들으면 신중한 사람은 비가 올 때를 대비해 침착하게 자기 내면을 들여다보죠.

당신도 자신을 힘들게 하는 걸 외면하거나 차단하지 말아야 합니다. 어쩌면 힘들다기보다는 무기력하거나 삶의 의미를 잃어버렸을 수도 있죠. 그럴 때는 새로운 걸 시도해보고, 삶을 살아가는 방식을 바꿔보고, 해야 할 일을 적은 체크리스트를 재정비하세요. 판에 박힌 일상을 바꿔보는 겁니다. 그런 다음엔 감정 상태가 어떻게 달라지는지 잘 살펴보세요.

살아가면서 한 번쯤 마음껏 소망하고 누리고 싶었지만 그러지 못한 적이 있지 않나요? 사람들은 시간이 없다거나 다른 어떤 현실적인 이유를 내세워 그런 바람을 실천에 옮기기 어렵다고 말합니다. 어쩔 수 없는 상황과 안 되는 이유 같은 건 얼마든지 쌓아 올릴 수 있죠. 그렇게 자유와 새로운 삶의 기회를 스스로 단념합니다. 하지만 그건 기만입니다. 실제로는 게으르거나 용기가 부족한 거죠. 뭔가를 바꾸려면 결단력과 용기가 필요해요. 삶이 대체로 그렇듯 위험을 감수하고 끈기 있게 노력해야만 뭔가를 얻을 수 있습니다. 세상에 공짜는 없습니다.

내 담 자 하지만 저는 명확한 열매가 보장되지 않은 일에 힘들게 매달리느라 소중한 인생을 낭비하고 싶진 않습니다.

디오티마 낡은 사고 패턴과 행동 패턴을 깨부수고 안락한 곳에서 나와야만 비로소 자신의 한계를 깨달을 수 있어요. 낯선 것을 경험하고서야 비로소 진정한 나만의 것이 무엇인지 알게 되고, 나를 정의하는 것이 무엇인지, 내면의 안정감을 어디서 느끼는지 알 수 있습니다. 불확실성과 애매모호함을 느껴야 비로소 확실함과 명확함을 인식합니다. **나를 더 알아가고 진정한 나로 살아가고 싶다면 언제나 처음처럼 도전해야 합니다.** 그러려면 깨어 있어야 하고, 열려 있어야 합니다. 성장하고자 하는 열망과 끝없는 호기심이 필요합니다.

여기에 쓰는 시간은 결코 낭비가 아니에요. 오히려 소중한 삶의 경험이 쌓이는 시간입니다. 이런 시간 없이는 결코 지혜로워질 수 없어요. 이 모든 노력이 내가 누구인지, 나만의 고유한 것이 무엇인지 더 민감하게 알아차리게 합니다. 기꺼이 배우고 변화하려는 마음가짐, 새로운 도전에 나서는 의지, 이 모든 것이 바로 정신 활동 훈련입니다. 우리 정신을 녹슬지 않게 해주고 건강하게 살게 해줍니다. 흐르는 물은 썩지 않습니다.

마지막으로, 인생은 단계적으로 진행된다는 사실을 이해해야 합니다. 살다 보면 어떤 때는 참된 나로 살아간다고 느껴지지만, 또 어떤 때는 내 모습이 아닌 듯 낯설게 느껴지기도 해요. 주로 중년의 위기가 닥치면 그렇죠. 인생에는 일종의 위기와 격변의 시기가 있고, 탈피의 단계가 있습니다. 그럴 때면 직장이나 외적인 번영, 심지어 가족까지도 결코 내 인생의 전부는 될 수 없음을 깨닫죠. 그렇게 인간 존재 본연의 유한함과 한계를 인식하고, 새로이 혹은 처음으로 존재의 이유에 관한 질문을 던지게 됩니다.

우리는 무언가 머물러 있는 것을 만들고 싶어 하고, 뭔가를 남기고 싶어 하고, 타인을 위한 의미 있는 일을 하고 싶어 합니다. 그러기 위해선 내면의 목소리를 귀기울여 정확히 들어야 해요. 우리의 내면이 우리 자신에게 무엇을 말하고 있는지, 심지어 그 이면에 숨기고 있는 게 무엇인지도 알아내야 합니다. 내면의 열린 마음과 변화를 향한 진정성이 나를 더 나답게 만들어줄 것이며, 나라는 존재의 본질을 피부로 느끼게 해줄 겁니다.

✳   ✳   ✳

이렇게 남자와의 면담이 끝났다. 남자는 좋은 자극을 받았다며 고마워했다. 그는 새로운 일을 한 가지 이상 시도해보겠다고 말했다. 면담 시간이 꽤 길어지는 바람에 저녁 즈음에 했던 대화만 기억이 나서 일부만이라도 공유하고자 한다. 언제나처럼 디오티마는 면담 중에 현자들의 말을 인용했는데 몇몇은 기억해내느라 고생을 좀 했다. 잊어버리기 전에 써야겠다.

"질병, 고집, 의심, 태만, 게으름, 욕심, 잘못된 가치관,
요가의 본질에 도달하지 않는 것, 버티지 않는 것.
이 아홉 가지는 정신을 분산하는 것이자
자기 자신이 되는 길의 장애물이다."

파탄잘리

"자기 자신에겐 엄정하고 다른 이들에게는 온화하라."

공자

"자기 자신을 점검하기를 절대 포기하지 말라.
시선이 남에게만 향하면 중심을 잃는다.
그리고 '중심을 잃는 것'은
단순히 중심이 없어진다는 말이 아니라,
자기 자신으로 돌아가는 방법을 잊어버린다는 뜻이다."

시바타 규오

"참되고 단순하며 올바른 것이 인간 본성을 가장 잘 나타낸다."

키케로

"노나라의 애공이 공자에게 물었다.
'집을 옮기면서 부인을 잊어버린 사람이 있다는
이야기를 들었소. 그게 가능한 일이오?'
'그보다 심한 경우도 있습니다.
최악은 자기 자신을 잊는 일이지요.'"

공자

5

과거의 잘못은 뒤에 남겨두고
앞으로 나아가라

"인간만큼 오만한 존재가 없다."

— 키티온의 제논

❖ 자신의 삶을 비관하고 있을 게 분명한 중년 남자가 디오티마를 찾아왔다. 50대 중반에 작고 암팡진 체격, 무표정한 얼굴, 반점이 돋은 붉은 안색, 여차하면 뭔가가 터져버릴 듯한 긴장한 모습이었다. 그는 앉자마자 말을 쏟아냈다. 자기는 철학에는 눈곱만큼도 관심이 없으며, 옛 지혜 따위는 죄다 시대에 뒤떨어진 생각이라고 했다. 우리가 사는 지금 이 세상은 고대 철학자들은 끝내 알 길이 없는 완전히 다른 세상이 아니냐는 것이다. 자신에 관해 골몰하는 건 힘들고 혼란스럽기만 하고, 그러다 보면 결국 자기 자신 속으로, 혼돈 속으로 빠져들기만 할 뿐 더 발전할 수 없다고 했다. 그의 표현에 따르면 그는 실천적

인 사람이었다. 자기 일은 자기가 알아서 잘 처리하며, 문제를 발견하면 빠르게 해결한다. 지금은 사는 데 별다른 문제도 없다. 가끔 다른 사람이나 정치인을 보면 짜증이 나긴 하지만, 자기 삶에 대체로 만족하는 상태다.

＊　＊　＊

디오티마　여긴 철학을 바탕으로 인생을 상담해주는 곳인데, 왜 오신 거죠?

내담자　저한텐 서로를 깊이 이해하는 친한 친구가 하나 있어요. 제 나이쯤 되면 그런 친구는 손에 꼽죠. 종종 만나서 수다도 떨어요. 그런데 그놈이 얼마 전에 여길 다녀왔더군요. 여기에서 들은 현자의 말이 머리를 떠나지 않는다고 했어요.
　이젠 그 얘기만 시작하면 짜증이 나요. 멀쩡하다가도 그 얘기만 나오면 격렬한 논쟁이 벌어지고 합의점이라고는 찾을 수 없으니까요. 그것 말고는 아무런 문제 없이 잘 지내요. 그러다 최근에 그놈의 50번째 생일 파티를 했어요. 뭐 갖고 싶은 거 없냐고 물었더니 자기는 없는 게 없어서 필요한 것도 없답니다. 불현듯 상담 얘기만 나오면 다투던 게 생각났어요. 당신과 세 시간짜리 상담을 예약한 걸 알려주면 그놈이 좋아하겠다 싶어서 선물 삼아 예약한 거예요. 솔직히 썩 오고 싶진 않았는데 친구가 좋아할 것만 기대하고 그냥 왔어요. 그게 제가 여기 앉아 있는 이유예요.

디오티마 전 선교사가 아니에요. 믿고 싶어 하지도 않는 사람을 설득할 수는 없어요. 단지 각자의 문제를 가지고 저를 찾아오면, 저는 옛 현자와 철학자의 말을 빌려 조언하거나 제 경우였다면 어떻게 했을지 일러주는 정도예요. 저는 그런 사람들이 주장한 철학이 매우 가치 있는 문화적 산물이라고 봐요. 오랜 세월을 견디고 살아남은 데는 그만한 이유가 있을 테니까요. 전 오래된 지혜가 오늘날에도 여전히 쓸모 있을뿐더러, 최근에 나오는 수많은 책보다 훨씬 유용하다고 생각합니다. 이런 생각은 거의 틀린 적이 없어요. 하지만 어디에 얼마나 적용해야 하는지, 그 깊이나 너비는 따로 정해지지 않았죠.

여길 찾아오는 분들에게 오래된 지혜가 진리라고 말하지는 않아요. 그저 그들에게 전해주어야 할 듯한 메시지를 전해주고, 지혜가 말하는 게 무엇인지, 무엇부터 시작할 수 있는지를 알려줍니다. 언제, 어디서나, 어떤 상황에나 다 적용할 수 있는 만병통치약은 없습니다. 이 역시 오래된 지혜네요. 개인이 처한 상황, 조언을 구하는 사람, 각자의 여건에 따라 해결책이 달라요. 잠시 뒤로 물러나거나 상황에 적응하는 게 나을 때도 있어요. **산다는 건 하나의 예술입니다. 수학이 아니에요. 원이라거나 직선이라고 정의할 수 없습니다. 붕 떠 있는 듯한 느낌이나 불명확함이야말로 삶을 꾸려가는 과정을 흥미롭게 만들죠.**

내담자 완전히 믿고 확신하지도 않는 걸 어떻게 남에게 추천합니까?

디오티마 제가 믿지 않고 확신하지 않는다는 뜻은 아니에요. 저는 오래된 지혜만이 가진 진실성, 일반적인 타당성과 유용성을 믿습니다. 단, 상황이나 사람을 고려하지 않고 모든 경우에 절대적으로 적용할 수는 없다는 말이었어요. 유일한 지혜가 있는 것도 아닙니다. 오히려 삶, 세상, 자연, 인간 존재를 모두 아우르는 수많은 지혜가 서로 단단히 얽혀 있죠. 그런 지혜는 시간을 초월한다고 할 만큼 매우 보편적인 가르침을 전합니다. 다만 특정 상황에서 어떤 지혜를 먼저 적용하는 것이 나을지는 우리가 판단해야 합니다. 어떤 지혜가 특별히 더 효력을 발휘하는 상황도 있으니까요.

예를 하나 들어볼게요. 생각을 있는 그대로 솔직하게 말하는 건 좋은 일입니다. 하지만 타인에게 상처를 줄 가능성이 있거나 그 말을 할 타이밍이 아닐 때도 있죠. 그럴 땐 침묵하고 적절한 순간을 기다리는 편이 낫습니다. 아무리 좋은 말도 상대가 받아들일 준비가 되어 있지 않으면 부정적인 영향만 줄 뿐입니다. 이럴 때 솔직하게 조언했다가는 안정은커녕 불타는 집에 기름을 들이붓는 격이 되죠. 긴장 상황을 더 악화할 뿐이에요.

내담자 봐요, 제가 말한 게 그거라니까요. 고려해야 할 것도 많고 질문도 많죠. 정해진 원칙도 없고 모호한 것투성이에요. 그나마 명확한 거라고는 철학은 모호하며 끝없는 논쟁만 일삼다가 결국 길을 잃는다는 것뿐이네요.

디오티마 처음에는 말로 전해지다가 후대에 종이에 기록된 오래된 지혜와, 학문으로 정착한 철학을 혼동하고 있네요. 학문으로서의 철학은 전문가들을 대상으로 한 것이 많아서 평범한 사람들은 이해하기 어려울 수 있습니다.

　지금 제가 다루는 실천철학은 일상생활에 적용할 수 있는 지혜에 관한 것입니다. 인간 존재와 직접적으로 연결된 삶의 문제와 질문을 다루죠. 어떻게 하면 행복하고 만족스러운 삶을 살 수 있을까? 두려움과 걱정을 몰아내고 화를 덜 내려면 어떻게 해야 할까? 시시때때로 들이닥치는 슬픔, 패배, 좌절 등에 넘어지지 않는 방법은? 직장에서의 과도한 요구에 병들지 않으려면? 좋은 관계를 유지하기 위해 무엇을 해야 할까? 사람이라면 누구나 한 번쯤 의문을 가졌을 법한 이런 문제를 다루는 거지요.

내 담 자 그런 문제라면 저에겐 더더욱 철학이나 옛 지혜가 필요 없어요. 처세술이나 잘 배워두면 되죠.

디오티마 당신은 자기 자신, 다른 사람 그리고 세상을 더 깊이 이해해야 해요. 삶이 종종 어렵고, 복잡하고, 너무 벅차다는 생각을 한 적은 없나요? 자기 자신 혹은 다른 사람 때문에 골머리를 썩은 적은요? 이런 문제에서 비롯한 부정적인 감정에서 벗어나는 데는 성공하셨나요? 가슴이 터지도록 기뻤던 순간이나 결코 잃고 싶지 않은 인간적인 친밀감은 경험해봤나요?

내담자 그런 것보다 저한테 더 중요한 건 정기적인 수입과 자산 증식 같은 거예요. 저는 일을 하고, 종종 휴가를 떠나고, 취미인 낚시를 즐기고, 친구들과 카드놀이를 하고, 주말엔 축구장에 가거나 동네 맛집을 찾아다녀요. 그거면 충분하지 않나요? 전 결혼도 했고 자식도 둘 있는데, 아이들과 사이가 좋진 않네요. 사실 그 문제는 신경이 좀 쓰이는데, 철학이 어떻게 도움이 되죠?

디오티마 아이들과의 관계가 문제라면 철학이 도움이 될 수 있죠. 철학은 개인 간의 갈등을 극복하고, 주변 사람들과 조화롭게 사는 방법도 알려주거든요. 가족 문제에서도 마찬가지예요. 철학의 가르침에 따라 노력한다면 아이들과 다시 좋은 관계를 회복할 겁니다.
　가족 내 갈등은 누구에게나 정신적인 부담을 줍니다. 귀를 틀어막거나 외면하고 싶다 한들 잘되지 않아요. 가족은 결국 나의 일부이기 때문이죠. 가족들끼리는 아주 오랜 시간 동안 상호작용을 하고 그에 따라 유대감이 생깁니다. 이러한 관계는 곧 자신의 일부이자 개인 성격의 총체이기도 합니다. 그러니 여기에 해결되지 않은 문제가 남아 있으면 안 돼요.

　물론 가족 구성원 모두와 시시콜콜 가깝게 지내야 한다는 말은 아닙니다. 가까운 관계를 유지하려면 쌍방의 노력이 필요하기 때문에 어느 한쪽에만 책임이 있는 것도 아니에요. 상대가 원하지 않는데 강제로 가까워질 순 없죠. 가끔 보면 너무 가까워서 서로를 숨 막히게 하는 관계도 있어요. 차라리 약간의 거리를 두는 게 나을 때도 있습니다.

　다만 누군가와의 관계에 문제가 생기면 상대에게 다시 관계를 회복하고 싶다는 신호를 전달해야 합니다. 자신은 마음의 문을 활짝 열고 있고 상대가 언제든지 돌아오길 바라며 기다리고 있다고 알려주는 거죠. 사이를 멀어지게 한 문제를 기꺼이 풀 수 있다는 의지, 용서하거나 거꾸로 용서를 구할 준비가 되어 있다는 자세도 보여줘야 합니다. 내가 준비되어 있다면, 상대의 반응과는 큰 상관없이 나의 내면에 있던 상처가 먼저 아물기도 합니다.

　하와이에는 대단히 오래된 화해 의식이 전해 내려오는데요, '호오포노포노ho'oponopono'라고 불러요. 저녁마다 가족 구성원이 모두 한자리에 모여 다른 가족에게 상처를 줬거나 실수한 바를 한 사람씩 돌아가면서 고백하는 의식입니다. 자신의 잘못을 스스로 인정하고 다른 가족에게 용서를 구합니다. 잘못한 일에 관해 충분히 이야기하고 나면 그 일은 이제 그 가족을 떠난 겁니다. 고백한 사람의 무거웠던 마음은 정화되고 가족들은 편안해하며 공동체 내의 힘이 다시 균형을 이룹니다. 수천 년 전부터 내려온 훌륭한 의식인데요. 다른 나라에서도 좋은 문화로 자리 잡으면 좋겠어요.

내담자   아주 큰 잘못을 해도 용서할 수 있나요? 번번이 다시는 보지 말자고 다짐하게 하는 사람까지도 용서할 수 있나요?

디오티마   당신은 지금 입고 있는 갑옷부터 벗어야 해요. 차가운 갑옷 때문에 사람들이 당신에게 다가가기 어려워하는 거예요. 어느 것도 그 갑옷을 통과하지 못하고 갑옷 때문에 살을 맞댈 수도 없으니까요. 아이들도 마찬가지예요. 아무도 갑옷과 대화할 수는 없습니다. 아이들과 좋은 관계를 회복하고 싶다면 당신이 먼저 아이들에게 당신의 속 모습을 보여줘야 해요. 그러면 아이들도 마음을 열고 자기 모습을 보여줄 겁니다. 아이들에게 먼저 다가가고, 아이들의 행동에 따뜻하고 진정성 어린 관심을 보여주세요. 아이들의 이야기를 귀기울여 듣고, 아이들이 당신에게 하는 말에 진심으로 대답해주어야 합니다. 조그마한 선물이라도 주고, 카드나 편지라도 한번 써보세요.

내담자   제 입장에선 미친 짓이나 마찬가지네요.

디오티마   그렇게 느낄 수도 있어요. 하지만 미친 짓을 해보는 것도 괜찮아요. 당신만 그런 게 아니라 뛰어난 위인들도 다 그랬어요. 한 그리스 철학자가 말했죠. 철학을 하는 사람은 약간 미친 사람으로 여겨진다고요. 실제로 '미치다'라는 단어의 어원이 '줄에서 벗어나다'임을 고려하면 사실 어느 정도 맞는 말이죠. 미친 짓은 과거의 틀에 얽매이지 않잖아요. 사람들이 일반적으로 하는 행동과 다르게 해보는 겁니다. 철학을 아는 사람들은 정상이라고 여겨지는 주류의 아이디어와 관습을 무작정 따르기보다는 그 의미를 직접 확인하고, 그 관습이 도움이 되고 유익하다고 판단할 때만 능동적으로 따릅니다. 그게 도움이 되지 않거나 유익하지 않다고 생각하면, 차라리 자기 내면의 목소리를 따르죠.

내면이 어려움을 겪는데도 억지로 적응하며 살면 점점 더 힘들어질 뿐입니다. 자기 자신을 믿고 과감히 줄에서 벗어날 용기를 내야 합니다. 그건 진정한 자신과 개성을 만드는 춤사위예요. 그런 춤사위가 모여야 제대로 된 삶이 만들어지죠. 다른 사람이 어떻게 생각하는지는 신경 쓸 필요가 없습니다. 정해진 줄에서 조금도 벗어나지 않고 얌전히 적응하며 산다는 것은 평생 고개를 숙인 채 사는 것과 마찬가지예요.

내담자 아이들이 반기지 않을 것 같은데요.

디오티마 어떻게 아세요? 해보셨어요? 삶이란 날마다 놀라움의 연속이죠. 일단 노력해보세요. 문을 활짝 열고 아이들을 초청하세요. 아이들에게 먼저 손을 내밀고, 아이들이 그 손을 잡을 때까지 거두지 마세요. 진솔하게, 진심을 다해 말하면 아이들이 손을 잡아주는 순간이 옵니다.

혹시 그 순간이 좀처럼 오지 않더라도 당신은 시도해봤다는 사실에서 내면의 평안을 찾을 거예요. 화해하기 위해 할 수 있는 걸 다 해봤으니 자책할 일도 없지요. 가족은 내 영혼의 일부로 머무는 존재입니다. 그러니 다투거나 연락이 끊어지기라도 하면 평생 찜찜한 기분을 떨쳐낼 수가 없는 거예요. 해결되지 않은 내적 갈등은 마음속 꼬여버린 매듭입니다. 이 매듭은 우리를 힘들게 하고, 인생의 기쁨을 죽이며, 종국에는 우릴 병들게 해요. 우리는 가족 안에 평화, 화합, 사랑이 깃들게 하기 위해 적어도 할 수 있는 노력은 다해야 합니다.

내 담 자 하지만 아이들에게 응답하라고, 나랑 화해하자고 강요할 순 없잖아요.

디오티마 사실 당신의 내적 평안을 이루는 데 화해 자체가 시급한 건 아니에요. 물론 화해할 수 있다면야 더할 나위 없는 일이죠. 그래도 너무 조급하게 생각할 필요는 없습니다. 갑옷을 벗고 마음을 연 채 기다리면 언젠가는 화해하리라고 믿으세요. 무엇보다 중요한 건 화해하려고 노력함으로써 자신을 용서하는 거예요. 모든 걸 시도해보고 진지한 노력을 기울이고 나면 기분이 한결 나아지고 내면의 균형과 평안을 찾을 거예요. 내 힘으로 할 수 있는 데까지만 하시면 돼요.

내 담 자 아이들은 제가 과거에 했던 특정한 일을 가지고 저를 비난해요. 과거를 바꿀 순 없잖아요. 어떻게 해도 절 용서하지 않을 겁니다.

디오티마　과거에 일어난 일을 되돌릴 수는 없죠. 그게 무엇이든 해결하려는 노력을 충분히 했다면 이제 과거의 잘못은 뒤에 남겨두고 앞으로 나아가세요. 옛 지혜는 우리가 실수를 반복하는 불완전한 존재라고 말합니다. 그런 존재임을 인정하고 새로운 교훈을 얻고 잘못을 반복하지 않으려고 노력하기만 하면 돼요. 죄책감은 앞으로 나아갈 힘과 결단력을 주고 미래에 더 나은 행동을 하게끔 부추기지 않는 한 아무짝에도 쓸모가 없습니다.
　지금 이 자리에 계속 머물러 있을 수는 없습니다. 고개를 들어 앞을 바라봐야 합니다. **아이들이 해줬으면 하는 용서를 자신이 먼저 자기 자신에게 해주세요. 아이들이 해주는 것보다도 더 제대로 말입니다.** 더 나은 사람이 되려는 노력을 소홀히 하지 않되 동시에 자신에게 관용을 베푸는 연습도 해야 합니다. 아이들이 당신을 용서할 수 있는지는 계속 지켜봐야 합니다. 하지만 무엇보다 필요한 건 아이들을 사랑하고 또 그 사실을 아이들에게 끊임없이 보여주는 거예요.

＊　＊　＊

마지막 말이 이 대화의 핵심이었다. 대화는 곧 끝났다. 그 남자는 친구에게 선물하겠다는 세 번의 면담 약속을 지키기 위해

두 번 더 찾아왔다. 분위기는 첫 면담보다 더 편안하고 원활했다. 남자는 점점 자신만의 갑옷을 벗었고 인상도 처음 봤을 때보다 훨씬 좋아졌다. 세 번의 면담이 끝난 후로는 더 찾아오지 않았다.

몇 주가 지나고 상담실로 큰 와인 상자 하나가 도착했다. 보낸 사람 이름을 보니 그 남자였다. 그러고 나서 또 하나의 큰 와인 상자가 도착했다. 이번에는 그의 친구가 보낸 거였다. 동봉된 편지에는 우리가 대체 무엇을 했기에 그가 그렇게 몰라볼 정도로 변했느냐고 쓰여 있었다. 훨씬 더 사교적이고 더 개방적이고 친근해졌다고 한다. 남자가 아이들과 좋은 관계를 되찾았는지는 모르겠다. 그랬으면 좋으련만. 세 번의 면담에서 디오티마가 한 오래된 지혜의 말들 중 기억나는 걸 적어보겠다.

"오만함을 내려놓은 사람은
지혜로 향하는 참된 발걸음을 내디딘 것이다."

『바가바드기타』

"자신이 처한 운명을 잊은 채 '잘 산다'고 말하지 말라."

고대 이집트 격언

"현자는 자만하지 않는다. 다만 나아지려고 할 뿐이다."

『예기』

"자기가 아는 것이 많다고 말하는 사람은,
장님을 이끄는 장님과 마찬가지다."

『우파니샤드』

"백발이 되었으나 아직도 배운다."

솔론

"자기 자신의 과오에 집중하는 순간 정신적 성장이 일어난다."

플루타르코스

2장

다른 사람과
함께하기 위해
알아야 할 것

6

사람과 사람 사이에는
따뜻함이 필요하다

> "다른 사람을 사랑할 때
> 비로소 인격이 완성된다."
> ─『예기』

❖ 한 남자가 인간관계에 관한 고민이 있다며 디오티마를 찾아왔다. 평소에는 큰 문제가 없었다. 하는 일도 잘 풀렸고, 쉬는 날에는 산악 바이킹, 산책, 트레킹 등 취미 생활도 충분히 즐겼다. 2년 전에 사귀던 여자 친구와 헤어진 후로 쭉 혼자였지만 그럭저럭 잘 지냈다.

평온하던 그의 삶을 뒤흔든 일은 최근 2주 동안 병원에 입원을 하면서 벌어졌다. 병세가 심각한 건 아니었다. 문제는 2주 동안 아무도 병문안을 오지 않았다는 사실이었다. 기분이 몹시 언짢았다. 둘이나 되는 여동생들이 코빼기도 안 비쳤지만 둘 다 멀리 살고 각자 가정이 있으니 그러려니 이해할 수 있었다.

하지만 평소 알고 지내던 친구들, 지인들, 회사 동료들 중 누구 하나 얼굴을 비추기는커녕 전화 한 통 해오지 않았다. 기분이 좋지 않았고 슬슬 걱정이 되었다. 지금까지 자신이 잘못 살아온 건 아닌지, 주변 사람들을 등 돌리게 만든 일은 없었는지, 생각이 꼬리에 꼬리를 물었다.

※　※　※

디오티마　정말로 그럴 만한 행동을 하셨나요? 아마 등 돌린 사람은 아무도 없을 거예요. 그저 당신이 원하는 만큼 상대가 행동하지 않은 건 아닐까요? 기대가 커서 실망이 컸을 뿐인데 그걸 나에 대한 거부로 받아들였을지도 몰라요.

내 담 자　글쎄요, 잘 모르겠어요. 주변에 연락을 자주 하는 친한 친구들도 있긴 한데, 사실 전 혼자 운동하면서 내 안의 한계를 극복해내는 게 훨씬 더 좋아요. 특히 어려운 목표를 이루어낼수록 성취감을 느껴요. 그런 성취감을 느끼는 데는 다른 사람이 별로 필요하지 않잖아요.

디오티마　네, 운동할 때는 혼자 도전하고 극복하는 것만으로 충분하지요. 당연히 다른 사람이 필요하지 않습니다. 하지만 인생에 운동이 전부는 아니잖아요. 사람이 다른 사람과의 친밀감 없이 살 수 있나요? 당신이 뭔가 놓치고 사는 건 아닐까요?

내담자 그렇진 않은 것 같아요. 종종 친구들에게 거리감을 느낄 땐 저도 당연히 신경 쓰이죠. 하지만 그보다 더 괴로운 건 오히려 너무 가까워져서 제 영역이 침범당하고 자유가 제한될 때예요. 물론 그런데도 사람들이 절 거부한다는 느낌이 들면 기분이 별로예요.

디오티마 부모님과의 관계는 어떠세요? 어릴 때는 어땠고, 지금은 어떤가요?

내담자 두 분 다 돌아가셨어요. 어릴 때부터 저를 자유롭게 키우셨고 엄하시지도 않았어요. 전 좋았죠. 가끔 저한테 너무 무관심한 것 아닌가 하는 생각이 들 땐 좀 슬펐지만요.

디오티마 혹시 자각하지는 못했지만 부모님의 애정과 관심을 필요로 하지는 않았을까요?

내담자 그랬을지도 모르죠.

디오티마 어릴 때는 친구들과 어울리는 걸 좋아했나요?

내담자 네, 오히려 많이 의존한 적도 있어요. 특히 첫 여자 친구에게는 완전히 집착 수준이었어요. 그 사람이 다른 남자를 사랑하게 되었다며 저를 떠났을 때가 제 인생 최악의 시간이었죠. 세상이 끝난 것 같았습니다. 마음을 추스르는 데 너무나 오랜 시간이 걸렸어요. 그 후에도 몇 명 더 만나긴 했지만 느낌이 달랐어요. 상처 받은 경험 탓인지 거리를 유지하려고 노력하게 되더라고요. 불에 데본 사람은 불만 보면 피해 다니잖아요. 거리 두기는 괜찮은 전략이었어요. 상처 받을 일은 더 없었으니까요. 관계는 늘 조용히 잘 진전됐어요.

디오티마 조용히 진전됐다는 말에서 문제가 안 느껴지세요?

내 담 자 무슨 문제요?

디오티마 사람들은 대부분 다른 사람과 깊이 이어져 있다는 느낌을 받길 원해요. 보호받는 느낌과 정서적 유대를 갈망하죠. 조용히 진전된다는 건 마치 외로움을 어떻게든 피하려는 사람들이 자신을 합리화하기 위해 만들어낸 말 같아요. 하지만 그렇게 살아서는 영혼의 단짝을 찾으려고 하는 인간 본연의 갈증을 충족하기 어렵잖아요.
　이 갈증이야말로 우리 마음 가장 깊숙이 각인된 인간의 본성 중 하나죠. 인간의 본성은 타고난 유전자, 진화 과정, 이전 세대의 경험, 유아기 때의 경험, 교육과 사회화, 나에게만 일어난 특별한 사건, 사회의 지배적인 의견과 가치관, 공동체적 압력 등을 통해 다양한 방향으로 형성되어갑니다. 그중에서도 가장 큰 각인은 어머니의 자궁 속에서 태아로 있을 때의 경험이에요. 포근히 안긴 느낌, 따뜻함, 직접적인 신체 접촉, 어머니와 하나 된 느낌, 영양분을 공급받는 과정, 아늑한 안정감 등을 처음으로 경험하는데, 이 모든 게 우리 정신에 각인되어 살아가는 내내 오랫동안 영향을 미쳐요.

즉, 사랑이야말로 인간이 느끼는 가장 강력한 감정입니다. 낙원이나 무릉도원과 같은 다양한 문화와 종교의 이상적인 공간 역시 아마 인간이 어머니의 자궁에 있을 때 경험한 원초적인 감정에 뿌리를 둔 것일 겁니다.

내담자 그것과 실제 삶이 무슨 관련이 있죠?

디오티마 인간이 느끼는 가장 강력한 갈증은 한마디로 보호받고 싶은 마음이라는 걸 얘기하는 거예요. 그게 바로 우리 모두가 바라는 영원한 행복으로 이어지니까요. 사람들이 인간적 친밀함을 필요로 하고, 따뜻한 관심과 존중을 원하는 것도 다 이 때문이에요.

몇 년 전에 기괴한 실험이 하나 있었어요. 다른 사람과의 접촉을 완전히 차단한 채 어린아이들을 키운 거예요. 아이들은 금방 사망했습니다. 아무도 안아주지 않고 말을 걸어주지 않으니 깊은 애정을 경험하지 못했고, 결국 안정적인 '공명의 축'을 갖지 못해 사망한 거죠. 다른 사람과 친밀하고 행복한 관계를 맺지 못하면 우리도 살아남지 못합니다. 특히 감정적으로는 무조건 죽을 수밖에 없어요. 진정한 행복은 사람과의 교류 속에서만 실현 가능하다고 말하는 사람도 있어요. 안정적인 인간관계가 뒷받침되지 않으면 우리 삶은 절대 원하는 방향으로 흘러가지 못합니다.

내담자 그냥 많고 많은 이론 중 하나 아닌가요? 인간관계 말고도 중요한 게 많잖아요. 직업적 성공, 사회적 명성, 자아실현 등의 가치는 외면하시는 것 같네요.

디오티마 오해예요. 그런 가치들도 당연히 중요하죠. 우리가 삶의 균형을 말하는 것도 다 이런 가치 중 어느 하나도 소홀히 할 수 없다는 뜻일 겁니다. 다만 저는 지금 사랑의 중요성도 간과하지 말라고 말씀드리는 거예요. 사랑하는 관계를 구축하고 그 안에서 사랑을 주고받는 건 인생의 궁극적인 목표 중 하나이자 모든 사람이 꿈꾸는 가장 강력한 갈망이에요. 이 목표를 이루는 과정에서 많은 사람이 인간으로서 누릴 수 있는 가장 큰 행복감을 느끼죠. 그토록 다양한 종교들도 한목소리로 사랑을 외칩니다. 일반적으로 통용되는 통찰임을 보여주죠.

그런 면에서 사랑이라는 개념을 당신이 첫 여자 친구를 만나면서 경험한 것으로 한정해서는 안 돼요. 그분과의 사랑은 여러 사랑 중 한 형태일 뿐입니다. 소위 말해서 마음이 간질간질하고 설레는 사랑을 경험하신 거예요. 하지만 사랑은 그보다 넓은 개념입니다. 마음 깊이 느끼는 애정, 내적 유대감까지 포함하는 개념이죠. 다른 사람과 연결된 느낌은 거리가 멀어진다고 훼손되지 않아요. 물리적으로 함께 있지 않더라도 심정적으로는 늘 곁에 존재하고, 서로를 생각하고, 따스함을 느낄 수 있다면 사랑을 안다고 할 수 있죠.

내담자 전 그럼 사랑을 모른다고 인정해야겠네요. 그런 느낌을 갈망해본 적이 없어서인지 그게 뭔지도 모르겠어요.

디오티마 그럴 수도 있지만 사실 그러면 안 돼요. 일단 먼저 그 느낌을 상상해보세요. 친구나 지인과의 관계를 돌이켜보고 누군가와의 만남에서 마음이 공명한 순간을 떠올려 보세요. 깊이 감동한 나머지 뜨거운 눈물을 흘릴 뻔한 순간이 있었을지도 모르죠.

내담자 시간을 들여 생각해보겠지만 지금은 아무 기억도 나지 않네요. 다만 첫 여자 친구와는 확실히 뭔가 달랐어요. 선생님께서 사랑에 관해 말씀하신 것 중 몇몇은 그 사람을 만나는 동안 경험한 것 같아요. 물론 폭발적인 정열이 가장 컸지만요.

디오티마 앞서 말씀드렸듯이 그건 제가 말하는 사랑의 전부가 아니에요. **제가 강조하고 싶은 사랑은 오히려 그 정열의 감정이 지나간 후에 찾아오는 따뜻한 관심과 유대감 같은 거예요.** 서로를 매우 소중히 여기는 마음, 항상 내 곁에 가까이 있는 것 같은 느낌, 상대에 대한 깊고 따스한 애정을 말하는 겁니다.

내 담 자   그런 친밀한 관계는 어떻게 만들죠? 저절로 생기나요?

디오티마   그럴 리가요! 노력해야 합니다.

내 담 자   어떻게요?

디오티마   사랑받고 싶다면, 사랑하는 법을 먼저 배워야 해요. 마음을 열고, 사람들에게 다가가세요. 그리고 그들에게 호의를 보이세요. 친절을 베풀고, 따뜻한 말을 하세요. 그리고 당신의 시간을 쏟고, 주의를 기울이고, 신뢰와 배려의 말을 건네세요. 상대의 말에 공감하고 진실하고 진정성 있게 대화하려고 노력하세요. 그런 대화만이 서로의 영혼을 어루만질 수 있어요. 피상적인 대화에 머무는 게 아니라 거짓 없이 다가가 다른 사람의 인생을 경험해보고, 다른 사람들에게도 당신이 누구인지, 당신이 무엇을 보고 느끼고 있는지 겪어볼 기회를 주세요.
　당신에게 호의를 느끼는 사람뿐 아니라 당신을 싫어하는 사람에게도 똑같이 하는 거예요. 당신의 모습을 있는 그대로 드러내기를 두려워하지 마세요. 좋은 연습이 될 겁니다. 다른 사람들이 무엇을 추구하며 사는지, 무엇을 특별히 싫어하는지 기꺼이 관심을 가져보세요. 또 마찬가지로 상대방이 알 수 있도록 자신이 무엇에 감동하는지, 무엇을 걱정하며 사는지 솔직하게 표현하시고요.

내담자 썩 내키지는 않네요.

디오티마 지금은 그러시겠죠. 하지만 그게 바로 당신의 갑옷이에요. 그 뒤에 숨어서 다른 사람들과 깊이 관계 맺는 걸 피하려고 하겠죠. 하지만 역설적이게도 그런 갑옷으로 자기를 보호하려는 행위는 곧 자신이 얼마나 공격당하기 쉽고 상처 받기 쉬운 사람인지를 증명할 뿐이죠. 강하고 단단한 사람은 갑옷이 필요하지 않아요. 그런 사람은 숨길 것도 없고 비밀도 없거든요. 그냥 자신을 있는 모습 그대로 드러내고 말죠. 강점뿐 아니라 약점도 함께 드러낸 채 혼자 힘으로 우뚝 서서 다른 사람들과 깊은 관계를 맺어요. 어떤 공격에도 쉽게 당황하지 않고요.
　이런 사람을 모욕하거나 경멸하거나 상처 입히기는 불가능합니다. 자아존중감을 스스로 만들어내는 사람이기 때문이죠. 타인의 인정과 칭찬을 기분 좋게 받아들이되 그것에 목매지 않습니다. 마찬가지로 무시를 당해도 눈 하나 깜짝하지 않아요. 자신을 향한 부정적인 말 따윈 스스로의 힘으로 정화하고 떨쳐버리죠. 어린 시절에 겪은 내면의 상처 역시 이미 다 치유가 됐어요. 다른 사람이 찌르고 후벼 팔 상처가 남아 있지 않은 거죠. 그들의 견고한 정신은 난공불락이라 누구도 쉽게 흠집을 낼 수 없습니다.

내담자 좋아 보이지만, 전 그런 사람이 아닌걸요.

디오티마   노력하면 되죠. 모험을 떠나세요. 이 이상적인 상태를 당신의 내면에서 실현해보는 거예요. 그리고 이미 그 이상에 가까워진 사람을 떠올려 보세요. 실제로 아는 사람도 괜찮고 역사 속 위인도 좋아요. 그들을 모델로 삼고 그들의 정신을 배워 자신의 내면을 성장시키고 더 강인하게 만드세요. 모든 건 당신에게 달려 있어요. 그러면 당신의 인생도 완전히 새로운 차원으로 들어설 겁니다. 더 부드럽고, 더 따뜻하고, 더 자비롭고, 더 생동감이 넘칠 거예요. 이상적인 상태에 완전히 도달하지 못하더라도, 당신이 기울인 노력만으로 당신은 조금 더 강해지고 조금 더 용감해질 겁니다. 사실 완전히 도달할 수 있는 사람은 아무도 없어요. 그저 어떤 상황에서도 자신의 모습을 있는 그대로 사랑하고, 자신이 생각하고 느끼는 걸 다른 사람에게도 솔직히 보여줄 수 있으면 그것만으로 엄청난 발전이죠.

내담자   못 하겠어요. 제 성격과 맞지 않아요.

디오티마   어떻게 확신하세요? 해보지도 않고요.

내담자   지금도 그냥저냥 잘 살고 있는데 왜 그렇게까지 바뀌어야 하는지 잘 모르겠어요. 제가 하고 싶은 건 다 하고 살고 있거든요. 전 그게 좋아요. 그 누구에게도 간섭받고 싶지 않단 말이에요.

디오티마   정말 그럴까요? 절대 그것으로 충분하지 않아요. **인간은 타인의 손길이 자신에게 따스하게 닿을 때야 비로소 살아 있는 기분을 느끼니까요.** 피상적으로 이뤄지는 사회적인 접촉만으로는 자신의 삶에 꼭 필요한 본질적인 무언가가 계속 빠져 있다는 느낌을 받을 거예요. 어머니의 자궁에서 느낀 편안함과 친밀감을 더는 경험하지 못하게 되는 거죠. 낙원이 완전히 사라지는 거예요. 몸은 다 기억합니다. 이런 갈증이 해소되지 않은 채로 남아 있으면 영혼은 공허함만 느낄 뿐이에요.

사람들에게 정말 행복하냐고 물으면 다들 대충 얼버무리고 말죠. 여러 이유가 있겠지만 삶이 그럭저럭 괜찮더라도 늘 뭔가가 빠져 있다는 느낌에서 벗어날 수 없기 때문일 거예요. 그 빠져 있는 게 바로 친밀감이에요. 타인에게 지지받는다는 느낌, 타인과 내가 공명하고 있다는 느낌이 없기 때문에 그럭저럭 괜찮은 삶임에도 행복에는 자신이 없는 거죠. 그러다 당신이 병원에 입원했을 때 느낀 것처럼 사소한 일 하나에도 불안감, 불만족, 소외, 공허함 같은 감정이 고개를 치켜드는 겁니다.

그래도 이런 경우는 아직 괜찮아요. 무엇이 결핍되어 있는지 알고 무엇을 갈망하는지 알면, 그것 자체가 나를 일으켜 세워 다시 움직이게 하는 원동력이 되기도 하니까요. 삶이란 자고로 분투하는 과정임을 잊지만 않으면 됩니다.

내담자   음, 한번 잘 생각해봐야겠네요.

디오티마 네, 꼭 해보세요. 내면의 목소리에 귀를 기울이고, 다른 사람을 대할 때의 나 자신을 잘 관찰해야 합니다. 새롭게 발견한 자신의 감정을 종이에 적어보세요. 다른 사람과 교류하면서 시도해보고 싶은 것과 실제로 행동한 후 그 결과로 나타난 것도 적어보세요.

단, 이 일에 지나치게 집착해서도 안 됩니다. 모든 일은 적당히 하는 게 중요하죠. 한 번에 몰아서 쓰기보다는 조금씩 정기적으로 꾸준히 쓰세요. 자기 전 몇 분만이라도 날마다 꾸준히 할 수 있는 시간이라면 그걸로 충분해요. 자신을 믿고, 어떤 약점과 결점을 발견해도 '괜찮아'라고 외치세요. 어차피 누구에게나 다 약점이 있어요. 조금 더 강인해져도 됩니다. 이미 해낸 일에 기뻐하고 자기 재능과 능력을 격려해주세요.

내 담 자 좋아요. 한번 해보죠. 해보고 다시 올게요.

＊　＊　＊

내담자는 우릴 몇 번이나 더 찾아왔다. 처음에는 별로 진척이 보이지 않았다. 비슷한 논쟁이 반복되었고 대화는 같은 자리를 계속 맴돌았다. 하지만 어느 날부턴가 바뀌었다. 언젠가 그는 자신이 전에는 전혀 알지 못했던, 아주 낯설지만 편안한 경험을 했다고 털어놨다. 그 이야기를 하며 그는 매우 행복해했다. 물론 좌절하거나 의심할 때도 있었지만, 그럴 때마다 몇 번이고 다시 찾아와 디오티마와 대화를 이어갔다. 1년간 방문하던 그는 어느 날 발길을 끊었다. 마지막 방문에서 그는 디오티마에게 결혼식 청첩장을 건넸다. 디오티마가 결혼식에 참석했는지는 모르겠다. 아마 가지 않았을까? 청첩장을 보고 매우 기뻐하던 그녀의 모습이 기억난다. 디오티마가 청년에게 들려준 몇 가지 격언을 모아봤다.

"자족하고 선량한 사람이 사랑할 수 있다."

『주역』

"자신의 사랑을 보여줄 수 없는 사람은
다른 사람에게서도 사랑을 찾을 수 없다."

데모크리토스

"가장 가까운 사람에 대한 신의가 곧 사랑이다.
그 느낌을 전 세계로 확장하라!"

맹자

"살아 있는 사랑은 인생 지혜의 일부다."

파탄잘리

"당신에게 사랑의 비밀을 알려줄게요.
의사도, 약초도, 마법사도 없이 가능해요.
사랑받고 싶으면, 사랑받고 싶은 그대로 사랑하세요!"

로도스의 헤카톤

"아내와 아이가 없는 삶은 영광이 없는 삶이다."

타로스의 안티파트로스

"인생은 주변 사람들을 사랑하는 것이다."

『예기』

"사랑을 소홀히 하는 사람을 보면 안타깝다."

요시다 겐코

"당신의 손이 내 손에 포개어졌어요.
내 삶은 행복해졌어요.
우리가 함께하기에,
나의 심장은 기쁨에 젖었어요.

당신의 목소리는 달콤한 와인이에요.
당신의 목소리를 듣기 위해 살아요.
당신을 보는 나의 모든 시선은
먹고 마시는 것보다 중요해요."

고대 이집트 격언

7

타인에 대한 기대를
낮춰야 하는 이유

"남에게 관용을 베풀어야
내 마음이 잠잠해진다."

― 세네카

❖ 30대 여자가 사람에 대한 믿음을 잃었다며 디오티마를 찾아
왔다. 도대체 다들 머릿속으로 무슨 생각을 하는지 이해할 수
없다고 했다. 약속이나 다짐도 잘 지키지 않고 하나같이 자기
생각만 하고 가장 친한 친구조차 정작 필요한 순간에는 곁에
없다. 얻어먹을 콩고물이 있는 일에만 발을 담그거나, 도와줘
도 딱히 손해 볼 게 없을 때만 마지못해 나선다. 그마저도 시간
이 지나면 결국 자기 얘기만 늘어놓는다. 여기나 저기나 죄다
자기애와 이기심으로 똘똘 뭉쳐 있다. 경청하는 사람은 아무도
없다. 실망의 연속이며 누구도 믿을 수 없다. 그런데 아무도 믿
을 수 없다는 사실이 그녀를 너무나 힘들고 슬프게 한다. 그녀

는 자기에게 문제가 있는 건지 물었다.

❋ ❋ ❋

디오티마 다들 그래요.

내담자 다들요? 전 아닌 것 같은데요. 전 달라요. 왜 다른 사람들은 저처럼 하지 않죠? 전 제가 뱉은 말을 지키고 약속도 잘 지켜요. 도움이 필요한 사람이 보이면 늘 곁에 있어준다고요. 옆 사람이 추위에 떨고 있으면 입고 있는 마지막 셔츠도 벗어줄 수 있어요.

디오티마 그걸 말한 게 아니에요.

내담자 그럼요?

디오티마 사람은 기만당하면 실망해요. 세상이나 타인 또는 자기 자신에 대해 갖고 있던 환상이 현실과 다르다는 걸 깨달을 때 우리는 실망하는 거예요.

내담자 무슨 말씀을 하시는 건지 아직 잘 모르겠어요.

디오티마 당신의 윤리 의식은 매우 높아요. 좋은 일이죠. 하지만 그 높은 윤리 의식을 다른 사람이 하는 행동에까지 적용하고, 그만한 기대를 걸고, 그 기준으로 판단하기 때문에 번번이 실망하는 거예요. 그런데 당신의 가치관과 요구 사항을 다른 사람들에게 똑같이 따르라고 강요해도 되는 걸까요? 누가 당신에게 그럴 권리를 줬죠? 왜 다른 사람을 있는 그대로 받아들이지 않는 거죠? 이 세상에서 다른 사람과 함께 행복하게 공존하려면, 세상과 사람을 가능한 한 현실적으로 이해해야 해요. 실제 모습을 직시하고 당신의 생각, 의지, 행동을 거기에 맞춰서 조정해야 해요. 당신이 기대하는 모습은 어디에도 없을 거라는 말입니다.

당신은 지금 세상과 사람들을 있는 그대로 이해하고 그들과 조화를 이뤄 살려고 하지 않아요. 대신 세상과 사람들을 향해 자신만의 높은 윤리적 기준을 들이밀고 거기에 맞추라고 외치고 있어요. 자신에 대해 높은 윤리적 기준을 세우는 건 얼마든지 가능해요. 그 기준을 낮추는 것도 마찬가지고요. 자기 자신에 대한 건 저마다 원하는 대로 자유롭게 정하면 됩니다. 어떤 가치를 가지고 살지, 어떤 태도를 취할지, 어떤 기준을 세우고 살지 결정하는 일은 개인의 행복을 크게 좌우할 정도로 매우 중요하니까요. 그런데 남들에게도 그런 자유가 똑같이 있어요. 그러니 다른 사람의 자유도 인정해줘야 합니다.

다른 사람들에게 너무 많은 기대를 하지 마세요. 아예 안하는 게 가장 좋아요. 다른 사람이 당신에게 좋은 일을 하면 기뻐하면 되고, 그러지 않더라도 대수롭지 않게 넘기면 돼요.

사람들은 모두 선하지도 현명하지도 않아요. 다들 약점과 흠결을 가지고 있고, 어느 정도는 자기중심적으로 살죠. 이건 우리가 바꿀 수 없는 거예요. 진리처럼 받아들여야 하는 겁니다. 이 사실을 부정하거나 자기 자신을 속이진 말자고요. 그런데도 우리는 여전히 사람들에게서 좋은 점을 찾을 수 있어요. 세상을 좋게만 보는 것도 환상이듯 나쁘게만 보는 것도 환상이에요. 세상이 이상적이지 않다고 절망에 빠져선 안 됩니다. 세상은 좋은 것도 많이 주니까요.

내담자 제가 그렇게 바뀔 수 있을까요? 뭘 어떻게 해야 하죠?

디오티마 당신의 가치와 이상, 성향과 약점 등을 올바르게 판별하려고 노력해야 합니다. 다른 사람에 대한 당신의 태도도 마찬가지예요. 다른 사람이 어떻게 행동하는지, 왜 그런지도 잘 살펴보고 거기에 적응해보는 거예요. 다른 사람들에게 신뢰할 수 없고, 부주의하고, 자기중심적이고 배려심이 없다는 인상을 받았다면 이에 반하는 기대를 하면 안 됩니다. 다른 사람이 충족해주지 못할 헛된 희망은 이제 그만 내려놓으세요. 백이면 백 실망합니다. 지금까지 당신이 겪은 바가 그랬다면 다른 사람이 하는 말과 약속도 믿지 말고, 원래 사람들의 본성이 그런 거라고 생각하세요. 그렇게 생각하면 실망할 일이 없어요. 그러다 어떤 사람이 가끔 신뢰할 만한 모습을 보이면 그때 기뻐하면 돼요.

내담자　하지만 그렇게 생각하면 너무 슬프지 않나요? 그러다 비관주의자가 되거나 인간을 혐오하기라도 하면 어떡해요?

디오티마　현실주의자가 될 수도 있죠. 그건 좋은 일이에요. 눈앞에 엄연히 현실이 존재하는데 계속 아니라고 믿는 건 자기기만일 뿐이에요. 이런 통찰과 지혜가 당신을 구할 겁니다. 다른 사람에 대한 잘못된 판단과 기대를 하고서는 모든 일을 제대로 처리할 수 없어요. 타인과의 지속 가능한 관계를 발전시켜 나가는 것도 어려워집니다. 그들의 반응이나 흘러가는 상황이 당신이 기대하는 바와 달라 시시때때로 갈등이 발생할 테니까요. 자신의 가치관을 검토하는 것 또한 중요해요. 나의 가치관은 어디서 형성되었나? 올바른 가치관인가? 세상과 사람들에게 너무 많은 걸 요구하고 있는 건 아닌가? 나의 기준이 보편타당하다고 주장할 수 있는가?

내담자　특정한 가치를 가지고 그 가치를 추구하며 사는 게 인생에서 가장 중요한 것 아닌가요?

디오티마　그것도 맞지만 어디까지나 나 자신에게만 한정해야 합니다. 내 태도, 내 생각, 내 의지, 내 행동에 그쳐야 합니다. 자기 기준이 절대적으로 옳다고 여기고 그걸 남에게 강요하는 건 대단히 교만하고 주제넘은 행동입니다. 다른 사람들도 각자 자기만의 생각대로 살 자유가 있다는 걸 인정하세요.

굳이 상대방의 생각을 바꾸기 위해 노력할 필요는 없습니다. 물론 서로 생각을 나누고 건설적인 토론을 하는 건 얼마든지 괜찮아요. 가족이나 가까운 친구라면 상대가 미처 인지하지 못하는 점을 깨닫도록 도와주는 게 마땅히 해야 할 일이기도 합니다. 하지만 어디까지나 겸손한 자세로 접근해야 합니다. 내 생각이 틀렸을지도 모르잖아요. 보편적으로 적용할 수 있는 가치관이 있다는 믿음을 버리세요. 자기 자신의 가치관은 자기 자신에게만 적용하세요.

그러면 정신적 평온함이 찾아올 겁니다. 더는 다른 사람의 표현이나 행동에 지쳐 나가떨어지지 마세요. 이런 노력을 통해 다른 사람의 처지에서도 생각해보면 내 가치관을 바꿔야 한다고 깨달을지도 모릅니다. 다른 사람이 아니라 내가 틀렸다는 걸 인정하게 될 수도 있죠. 인간은 기본적으로 아무것도 모른다고 되뇌는 게 더 도움이 되긴 해요. 자신이 모든 걸 이해하고 있고 진리 속에 살고 있다고 믿는 사람은 나와 다른 견해에는 아예 귀를 닫아버리니까요.

내담자 어떻게 해야 선생님의 말씀을 제 삶에 적용할 수 있을까요?

디오티마 하나도 연습, 둘도 연습, 셋도 연습입니다. 생각, 의지, 행동 모두 연습하세요. '내가 틀릴 수도 있다'고 계속 주문을 거세요. 논쟁을 벌일 때는 굳이 당신의 생각을 고집부리지 마시고요. 다른 사람이 하는 말을 귀담아들어 보세요. 상대방의 생각이 잘 이해되지 않으면 정중히 물어보세요. 속단하거나 편견을 갖지 않도록 조심하세요. 다른 사람의 가치관을 이해하기 어렵더라도 그것을 존중해야 합니다.

다른 사람에 대한 기대를 낮추세요. 다른 사람과 함께 어떤 일을 할 때는 그 일이 틀어질 수도 있음을 받아들이세요. 그러다 일이 원하는 대로 흘러가면 그때 기뻐하면 됩니다. 생각대로 풀리지 않는다고 해서 다른 사람을 비난해서는 안 돼요. 그래봤자 상황은 그대로고 나만 부정적인 감정에 휩싸일 뿐입니다. 늘 자기 자신에게 이렇게 말하세요. '**그게 원래 사람들의 자연스러운 모습이야. 나도 잘 알고 있었잖아.**' 다른 사람에게서 잘못을 찾지 말고 그들이 가진 좋은 점만 생각하고 기억하세요.

내담자 전 어렵겠는데요.

디오티마 산에 오를 때를 생각해보세요. 처음에는 경사도 가파르고, 길도 험난하고, 돌투성이인 것만 같습니다. 하지만 정상에 도달하고 나면 그 뒤로는 가뿐하죠. 그때부터 당신의 시선은 더 크고 뻥 뚫린 높이에 머물며 비로소 그 순간을 온전히 즐기게 될 겁니다.

내담자는 딱 한 번 더 찾아왔다. 그리고 얼마간의 시간이 흐른 후에 그녀가 쓴 엽서 한 장이 도착했다. 엽서에는 기쁨이 전해지는 두 음절이 적혀 있었다. '효과가 있어요!'

디오티마가 소개한 고대 철학자들의 말 가운데 내게도 개인적으로 감정을 다스리기에 도움이 될 것 같은 격언 몇 가지를 특별히 메모해뒀다.

"세상을 이해하지 못하는 사람은 분노로부터 자유로울 수 없다."

에피쿠로스

"현명한 사람은 나쁜 결과에 미리 대비한다."

『주역』

"당신의 의지가 운명을 결정한다."

『우파니샤드』

"실망했을 때 걱정되는 것은 행복한 순간이다."

플루타르코스

"현자만이 모든 이에게 관대할 수 있는 명예를 가진다."

고대 이집트 격언

"인간은 모든 타인에게 관용을 빚지고 있다."

세네카

"적과 이방인이라는 걸림돌에 직면하는 것을 연습해라."

플루타르코스

"현자는 부족함에 분노하지 않는다. 왜인가?
태어날 때부터 현자인 사람은 없고 만들어져갈 뿐임을 알기 때문이다.
현자는 시간이 지날수록 소수만이 지혜로워진다는 사실을 안다.
그는 인생의 한계를 정확히 알기 때문이다.
분별 있는 자는 본성에 화내지 않는다.
평화롭게 조화를 이루고, 이해되지 않는 것에 관대하고,
실수에 너그럽고, 한결 편해지는 길로 나아간다.
현자는 집에서 매일 이렇게 생각한다.
'나는 분명 꽤 많은 술주정뱅이와 본능에 충실한 사람,
감사할 줄 모르는 사람, 욕심으로 가득 찬 사람,
좌절된 야망으로 분노를 억압하고 있는 사람을 만날 것이다.'
그러고는 의사가 환자를 보듯 태연하고 친절한 눈으로 세상을 본다."

세네카

8

나를 괴롭히는 적과
싸울 때 잊지 말아야 할 것

"타인의 말, 행동, 생각은
괘념치 않고 오로지
자신의 행동만 신경 쓰는 자가
마음의 평화를 얻는다."
— 마르쿠스 아우렐리우스

❖ 한 여자가 절망에 가득 찬 표정으로 디오티마를 찾아왔다.
오자마자 자기가 직장에서 심한 괴롭힘을 당하고 있다고 털어
놓았다. 그녀는 한 중소기업에서만 벌써 20년 넘게 일한 베테
랑이었다. 그동안 한결같이 성실하게 일했고, 그 누구도 그녀
가 일하는 방식에 태클을 걸지 않았다. 순조로운 날들은 6개월
전쯤 새로운 상사가 부임하며 하루아침에 지옥이 되었다. 상사
는 그녀가 그동안 맡았던 일과 전혀 다른 일을 시키고, 그마저
도 늘 너무 과하거나 적게 시켰다. 누구라도 제시간에 끝내지
못할 일을 던져놓고도 일이 늦어지면 그녀를 깔아뭉개며 다른
직원들 앞에서 무안을 줬다. 변명이라도 할라치면 상황은 더

험악해졌고, 상처가 되는 말이 비수처럼 날아왔다.

비슷한 상황들이 거듭되자 견디기가 버거워졌다. 상사와의 갈등이 머릿속에서 떠나질 않고 다른 일에까지 안 좋은 영향을 줬다. 웃음이 사라졌고 잠도 잘 못 잔다. 퇴근하고 집에 돌아오면 그녀를 짓누르던 압박감을 남편한테 쏟아부었다. 남편도 매일 똑같이 반복되는 그녀의 불평을 묵묵히 들어주기가 점점 힘들어졌다. 그녀가 의지할 곳이었던 남편도 조금씩 신경질이 늘고 공격적으로 반응하기 시작했다. 부부는 함께 지쳐갔다. 여자는 갈수록 예민해졌고 사소한 일에도 신경이 곤두섰으며 별것 아닌 일에도 불같이 화를 냈다. 하지만 이 직장을 그만둘 순 없었다. 새 직장을 구하지 못하리라는 불안감도 있었지만, 그보다 그녀는 이 회사와 자기 일을 무척 사랑했다.

그 뒤로 여자가 몇 가지 이야기를 더 털어놓았지만, 비슷비슷한 내용이었다. 그래도 디오티마는 여자의 말을 가만히 경청하며 자신이 어떤 처지에 놓여 있는지 충분히 쏟아내도록 기다려주었고, 불만 토로가 다 끝나고 나서도 잠깐 침묵을 유지했다. 그러고는 입을 열었다.

* * *

디오티마 참 어려운 문제네요. 하지만 저는 희망이 있다고 봐요. 상황을 숙고해야 하고, 많은 연습과 노력이 필요하며, 시간이 오래 걸릴 수도 있겠지만, 그래도 사람이 지혜와 결단력, 용기와 인내로 해결하지 못하는 문제는 없답니다. 당신에게 지금 필요한 건 찢어진 옷을 꿰맬 실인 것 같아요.

일단 자기 자신에게 물어보세요. '더 이상 고통받지 않으려면, 그러니까 이 상황을 바꾸려면 내가 무엇을 해야 할까?' '어떻게 하면 내 본연의 모습을 찾고, 나답게 살고, 내 안의 묵은 체증을 쓸어내려 삶과 직장에서 기쁨을 되찾을 수 있을까?' 그리고 이렇게 묻는 겁니다. '스트레스와 고통에서 벗어나기 위해 나의 가치관과 태도를 바꿀 수도 있을까?'

내담자 그게 선생님의 해결책인가요? 저는 해결책을 얻으려고 온 건데요?

디오티마 해결책은 당신만 찾을 수 있어요. 당신이 선택할 수 있는 건 뭔가요? 저한테 오기 전에 무엇을 할 수 있을지 분명 생각해보셨을 테고, 이미 시도해본 것도 있을 텐데요.

내담자 직장 내 협의회를 열어 제 문제를 공론화하는 것을 생각해봤어요. 그게 아니면 그냥 때려치우고 나오는 거죠. 하지만 괜히 협의회를 열었다가 상황만 더 악화할까 봐 겁이 나요.

디오티마 더 악화하다니요?

내담자 협의회가 끝나고 나면 그 상사가 저를 더 압박하지 않겠어요? 아마 제 발로 뛰쳐나갈 때까지 저를 괴롭힐 거예요.

디오티마　반대로 정신을 차릴지도 모르잖아요. 상사도 분명 잃는 게 있을 거예요. 전임자나 동료에게서 신임을 잃을 수도 있고, 사내에서의 입지가 좁아질지도 몰라요. 협의회에서 성공적인 중재가 이뤄진다면, 상사도 행동을 좀 더 조심하게 되겠죠.

내 담 자　이상적인 결과네요. 그래도 전 회의적이에요.

디오티마　그럴 수 있죠. 그렇다면 상사의 행동에 영향을 줄 다른 방법이 하나 남았네요.

내 담 자　뭐죠?

디오티마　둘이서 터놓고 대화해보는 거예요. 해보셨어요?

내 담 자　아니요. 가망성이 전혀 없는 방법이네요. 그 사람과 저 사이에는 이미 긴장감과 적대감이 너무 강하게 형성됐거든요.

디오티마　그래도 한 번은 해봐야죠.

내 담 자　어떻게요?

디오티마　일단 대화를 시작하기 전에 당신이 상대에게 갖고 있는 어두운 그림자를 걷어내고, 부정적인 감정을 잠시 밀어두세요. 상대를 다른 수많은 사람과 다를 바 없는 한 명의 인간으로 보셔야 합니다. 그리고 그 사람과 나 사이에 다리가 하나 있다고 가정하세요. 당신이 먼저 그 다리 위로 올라가서 상대방에게 최대한 예의 바르게 이렇게 말하는 겁니다.

'당신의 도움과 조언이 절실한데 저한테 잠시만 시간을 내어주시겠어요? 당신이 제 업무 방식에 만족하지 못한다는 느낌을 받았습니다. 아마 이유가 있겠죠. 제가 미처 모르는 부분도 분명 있을 테니, 그걸 설명해주신다면 정말 큰 도움이 될 것 같습니다. 제가 개선할 수 있는 점이라면 기꺼이 개선할게요.'

진심이 아니더라도 최대한 스스로를 낮추고 상사를 올려주면서 얘기하세요. 실제로 누가 더 나은 사람인지는 여기서 중요한 문제가 아닙니다. 상대방의 마음을 열어 대화에 참여하게 하는 게 목적이니까요. 사람들은 스스로를 방어할 필요가 없거나 상대에게 어떤 부탁을 받을 때 자신의 지혜와 통찰을 나눠주려고 하는 모습을 보입니다.

내담자　한 번쯤 해볼 수는 있겠지만 결과가 썩 기대되지는 않네요.

디오티마　잠시 회의주의를 내려놓고 이렇게 생각해보세요. 저 사람도 소중한 사람이고 다른 사람들처럼 약점도 가지고 있으며 그 사람만의 자질도 분명 있다고요.

시도해봤지만 당신이 걱정한 대로 정말 대화도 안 되고 지금 상황을 타개할 만한 묘안이 나오지 않을 수도 있겠지요. 그렇다 한들, 그래서 더 이상 출구가 보이지 않는 상황이 되어버린다고 한들 당신이 잃을 게 뭐 있나요?

내담자 직장과 월급 그리고 동료를 잃겠죠. 실업자가 되고 사회적 위치도 잃을걸요. 게다가 아무것도 모르는 사람들은 아마 저한테 문제가 있다고 생각할 거예요.

디오티마 음, 그렇게 된다고 치죠. 그래서요? 그게 당신 인생에 중요한가요? **당신이 말하는 그런 것들이 그 자체로 당신 삶의 목적인가요? 당신은 일하려고, 돈 벌려고, 동료와 교류하려고, 사회적 지위와 명성을 얻으려고 살고 있나요?** 내면의 평화와 행복감 그리고 소중한 사람과의 만족스러운 관계가 더 중요한 것 아닌가요? 지금은 어떤가요? 저는 당신이 아직 직장도 있고 월급도 받고 있지만, 조금의 만족감도 못 느끼며 사는 것처럼 보여요.

직장, 월급, 명예, 사회적 지위 같은 것도 분명 삶을 만족스럽게 하는 데 중요한 요소들이긴 해요. 그런데 그러면 뭐 하나요. 이들을 갖추고도 불행하기만 하다면, 고통스럽고, 남편과의 관계도 위태로워지고, 그런데도 모든 괴로움이 끝나지도 않을 것 같다면, 그것들이 다 무슨 소용이죠? 그리고 사표를 낸다고 이런 것들을 평생 포기하고 살아야 한다고 누가 말하던가요? 어쩌면 지금보다 더 좋은 직장을 구할지도 모르잖아요.

하지만 직장을 그만두면 당신이 지금 느끼는 고통에서는 확실히 벗어날 수 있어요. 마음의 병도 낫겠죠. 직장에서 받는 고통과 그로 인한 극심한 스트레스는 마음의 병은 물론, 지속되면 몸의 병까지 일으키는 심각한 문제예요. 신경, 호르몬, 면역 시스템 등이 손상될 수도 있어요. 정신과 신체는 매우 밀접하게 이어져 있고 지속적인 스트레스에 매우 취약하거든요. 그것이 미치는 영향 또한 매우 다양해서 장 질환, 심혈관 질환, 심하면 심근경색이나 암으로까지 이어져요. 이런 부작용까지 나타난다면, 도대체 직장, 급여, 동료, 사회적 지위가 무슨 의미가 있을까요?

내담자 그래도 언젠가는 상황이 끝나지 않을까요? 어쩌면 그 사람이 먼저 나갈지도 모르잖아요?

디오티마 그럴 거라는 근거나 조짐이 있나요?

내담자 없죠.

디오티마 상황이 이렇게 된 게 얼마나 됐죠?

내담자 9개월쯤 됐어요.

디오티마 그렇다면 헛된 희망은 품지 맙시다. 차라리 현실을 있는 그대로 보는 게 나아요. 자신을 속이는 것이 최악입니다. 자꾸 자기 자신을 속이다 보면 불행해질 수밖에 없습니다. 현실을 외면하고, 결단력 있고 용기 있게 행동하지 않는다면 절대 더 나은 곳으로 갈 수 없어요.

내담자 제 상황에서 가장 필요한 건 뭔가요?

디오티마 치유죠. 당신은 지금 하루빨리 조치를 취해야 하는 상태예요. 몸이 아프면 병원에 가서 치료를 받고 필요한 약을 복용해야 합니다. 물론 조금 아플 때마다 매번 병원으로 뛰어갈 순 없겠지만, 나날이 증상이 안 좋아지는데도 혼자 이겨내겠다고 버티는 건 어리석은 짓이에요. 더 손쓸 수 없을 정도로 상황이 악화할 수도 있어요.

내담자 하지만 직장을 잃고 수입이 사라지는 게 두려워요.

디오티마 몸과 마음의 건강과 내면의 균형보다 더 중요한 게 있나요? 정작 당신이 행복하지 않고 병이 들어가는데 직장, 월급, 사회적 지위가 다 무슨 소용이죠? 지금 상태에서 가장 현명한 방법은 가능하다면 직장 내 협의회의 도움을 받는 거예요. 그게 어렵다면 사표를 쓰고 쉬면서 숨통을 좀 트이게 하는 거죠. 당장의 수입이 사라지는 건 실업수당으로 해결하면 되죠. 퇴직금도 있을 테고요. 쉬면서 자기다움을 되찾고 건강을 회복한 후에 다시 새로운 일을 시작하면 돼요. 그런다고 굶어 죽진 않아요. 먼 길을 돌아가는 것 같아도 이 힘든 시기를 잘 극복하면 상황은 다시 예전 좋았던 시절로 얼마든지 되돌릴 수 있어요.

아무것도 하지 않았는데 저절로 나아지는 일은 없어요. 힘들 때 무작정 참고 버티는 게 능사가 아니라는 거예요. 아직 노동시장에서 거부당할 나이도 아니잖아요. 그동안 일하면서 쌓은 경험과 지식이 있고, 본인만의 능력도 있고요. 제가 보기에 일도 꽤 잘하시는 것 같은데, 아마 다른 직장에 가더라도 금세 적응하실 거예요.

회사를 옮기는 게 더 나은 선택일지는 누구도 알 수 없죠. 어차피 어떻게 될지 모르는 미래라면 낙관주의자의 눈으로 보는 게 낫지 않겠어요? 나에게 더 맞는 일, 더 좋은 직장 동료를 만날 수도 있고, 나를 더 성장하게 하는 새롭고 흥미로운 과제가 기다릴지도 모르는 거잖아요. 비관주의는 일어나지도 않은 불행을 굳이 현재로 끌어들여요. 반면에 낙관주의는 어두운 골짜기를 건너갈 수 있게 하는 힘, 신뢰, 자기 믿음을 주죠. 그러니 안 좋은 생각은 떨쳐버리고 긍정적인 생각만 반복하는 연습을 해보세요. 나 자신과 세상을 바라보는 관점을 다시 잘 정립해야 지금의 이 위기를 이겨낼 수 있어요.

내담자 말처럼 쉽지 않을 것 같아요. 저는 어두운 골짜기가 끔찍하게 두렵거든요.

디오티마 당신 인생에서 뭐가 더 두려운 일인지 다시 생각해보세요. 직장에서 계속 괴롭힘을 당하고, 극심한 스트레스에 시달리고, 몸과 마음에 병이 들고, 남편과 사이가 나빠지고, 결국 행복하지 못한 삶을 살게 된다는 게 더 두려운 일 아닌가요? 반면 새로운 행동을 취하는 데서 오는 불확실성은 그보다 훨씬 가벼운 문제이자 사소한 두려움에 불과하지 않나요?

두려워할 필요가 없어요. 자신을 믿고 당당해지세요. 삶은 변화의 연속이고 변화의 시기마다 뭔가를 잃고 방황할 수도 있지요. 당연한 거니 겸허히 받아들이세요. 우리는 불확실성 속에 살아요. 많은 사람이 이 사실을 인정하려 하지 않죠. **하지만 이제 인정하기를 거부하는 사람들의 말은 듣지 마시고, 역동적이고 살아 숨 쉬는 나의 인생에 '오케이'를 외치세요.** 불확실성 속에서 기회와 가능성을 찾으세요. 손에 쥔 것을 놓치지 않으려고 끙끙대지 말고 홀가분하게 떠나보내세요. 안락하게 웅크리고 있던 곳에서 일어날 준비를 하세요. 어떻게든 잘될 거라고 스스로에게 말하세요.

새로운 도전에 두려움과 막막함이 없을 리는 없지만 자기 감정에 솔직하지 못한 채 나 자신을 힘없이 잃어가는 것보다는 훨씬 낫다는 걸 알아야 해요. 내면의 균형과 건강까지 잃어가며 억지로 버텨야 하는 일은 없어요. 자신의 아픈 마음을 방치하지 마세요. 지금 당신 처지가 그래요. 자기 자신을 위해 살지 못해 마음이 병드는 것, 그게 최악의 상태니까요.

내 담 자   하지만 다른 사람들은 또 어떻게 생각하겠어요?

디오티마   다른 사람은 왜요? 자기만 생각하세요. 이제는 둘 중 하나를 선택해야 해요. 다른 사람을 위해 살 것인지, 아니면 나 자신을 위해 살 것인지. 다른 사람이 당신에게 기대하는 바대로 사는 건 남을 위해 사는 거죠. 다른 사람들의 생각에 좌지우지되면 내 마음의 소리는 절대 들리지 않아요. 자신의 내면에서 편안하게 보호받는 느낌도 사라지죠.

　사람은 자기 내면에서 평화와 균형을 찾고 자신만의 집에서 다른 사람의 방해 없이 살 수 있을 때 비로소 진정한 평안과 행복을 느낄 수 있답니다. 자신의 마음을 잘 알고 그 마음의 소리를 잘 따르는 사람만이 그렇게 될 수 있어요. 더 이상 그 직장으로 출근하고 싶지 않다면 다른 길을 찾는 게 맞는 겁니다.

내 담 자   그런 단호한 실천에 필요한 힘과 용기는 어디서 얻나요? 저는 아직 걱정이 태산 같단 말이에요.

디오티마   자기 수양을 하세요. 마음의 평온이 얼마나 중요한지, 나를 힘들게 하는 상황에서 벗어나는 일이 얼마나 중요한지 깨달으면 저절로 용기가 생길 거예요. 피상적으로 깨닫는 게 아니라 내면화를 해야 해요. 매일 아침에 일어날 때마다, 또 매일 밤 잠자리에 들 때마다 반복해서 변화의 필요성을 되새기세요. 당신이 갖춘 능력을 떠올리세요. 삶에서 이미 이룬 것들, 어려움을 극복하고 돌파했던 순간들, 문제를 성공적으로 풀어낸 순간들을 계속 상기하세요.

그러면 미래에 대한 믿음이 생길 거예요. 인생은 계속될 것이며 나는 멈추지 않고 내 삶을 살아갈 거라고 반복해서 말하세요. 직장을 비롯한 외적인 조건은 상대적인 가치로만 인정하고 내면의 가치가 절대적으로 더 중요하다는 사실에 집중하세요. 외적인 모든 건 우리에게 잠시 왔다 가는 것들입니다. 자기 자신을 계속해서 믿어주면 기회와 가능성을 발견할 거예요. 가장 큰 힘의 원천과 에너지의 원천은 자기 자신의 모습으로 있을 때, 진정한 자기다운 모습을 유지할 때, 자기 자신을 상하게 하지 않을 때만 비로소 흘러넘치게 되는 거랍니다.

행운과 불행은 외부에서 만들어지는 게 아니라 각자의 마음속에서 만들어져요. 올바른 길 위에 서 있기만 한다면 방황하더라도 자신만의 행복을 찾을 수 있답니다. 자신의 것을 지키면서 세상에 유연하게 적응하는 법을 아는 사람이 되어야 세상과 잘 지낼 수 있게 되죠.

건강한 몸을 만들겠다고 규칙적으로 운동을 하듯 생각도 마찬가지로 꾸준히 성찰하는 연습을 해야 해요. 얼마나 오랜 시간을 쓰느냐보다는 얼마나 끈기 있게 반복적으로 하느냐가 더 중요하죠. 매일 10분씩이라도 가만히 앉아 생각하는 시간을 갖는 게 하루 내리 열 시간을 생각하는 것보다 훨씬 낫습니다.

내면의 관점을 바꾸고 두려움을 극복하는 데는 시간이 필요해요. 다만 너무 몰두하는 것도 절대 바람직하지는 않습니다. **어떤 문제가 생기면 상대화하고 중요도를 낮춰서 문제의 무게를 가볍게 만드는 방법을 익혀야 하죠.** 그렇게 크고 대단하게 보였던 외적인 모든 가치는 기껏해야 내면의 평안을 얻기 위한 수단에 불과했던 것이니까요.

내 담 자　그런 연습을 얼마나 해야 하죠?

디오티마　누가 정해둔 시간 같은 건 없습니다. 자신의 태도가 바뀔 때까지 연습해야 해요. 그러다 자기 안에서 힘과 용기가 생겼다고 느끼면 문제의 본질에 능동적으로 접근해서 포기하지 않고 해결하면 됩니다. 올바른 시각을 갖게 되었다는 생각이 들면 망설이지 말고 실행에 옮겨야 합니다. 하지만 그전까지는 저와 주기적으로 만나서 더 깊이 통찰하고, 불명확하거나 의심스러운 것들을 정리해나가는 게 좋겠죠. 진행 중인 연습 과정을 함께 살펴보고, 수정하고, 구체화하고, 그래서 올바른 길에 잘 와 있는지 확인하기를 권합니다. 그렇게 얻은 통찰력은 견고하고 지속 가능한 당신만의 내적 동기가 되어줄 거예요.

　배우자나 당신을 이해하고 응원해줄 수 있는 친구와 대화하는 것도 좋아요. 꾸준한 운동도 필수입니다. 몸이 건강해지면 활력이 생겨 정신적으로도 큰 힘을 얻을 수 있습니다. 자신에 대한 믿음도 더 강해지죠. 그리고 제가 책 한 권을 드릴 테니 몇 장씩 꾸준히 읽어보세요. 오래된 책이지만 내용만큼은 여전히 훌륭하답니다. 읽으면서 와닿은 부분을 필사도 해보고,

감상이나 생각도 적어보고, 나중에 한 번씩 다시 읽어봐도 좋아요.

이 과정은 영혼 없이 기계적으로 반복하기만 해서는 안 돼요. 시간을 들여 숙고하고 어느 정도 연습한 후에는 생각, 태도, 행동, 의지 측면에서 나아진 점이 있는지 점검하며 차근차근 가야 합니다.

✻ ✻ ✻

디오티마가 권한 대로 여자는 매주 찾아왔다. 대단히 새로운 대화를 하는 것 같지는 않았다. 늘 비슷비슷한 내용이었다. 하지만 미묘하게 조금씩 달라졌다. 디오티마의 생각을 여자가 조금씩 더 이해하고 수용하는 느낌이었다. 그리고 여자의 말이 왠지 모르게 강인해지고 자신감도 더 붙는 듯했다. 자신의 삶에 진짜 중요한 게 뭔지 그리고 그 이유가 뭔지 좀 더 명확하고 분명하게 알아가는 것 같았다.

그러다 어느 날 방문과 면담이 끊겼다. 그 후로 1년 반쯤이 흘러 여자가 큰 꽃다발을 들고 찾아왔다. 직장 내 협의회를 통해 뭔가 바꿔보려 시도했다가 실패하자 정말로 그만두고 나온 것이었다. 그래도 그녀는 얼마 지나지 않아 새로운 직장을 찾았다. 잠시 힘든 시기도 있었지만 지금은 본인이 그런 결정을 내리고 변화를 이끌었다는 사실에 더없이 기뻤다. 새로운 직장은 전 직장보다 훨씬 좋았다. 비록 급여는 줄었지만 상사가 개방적이고 이해심도 많아서 업무 분위기가 정말 좋았다. 그녀는 다시 일을 즐기고 있다고 했다.

감정 상태도 많이 나아져 사는 게 행복해졌다고 했다. 디오티마가 준 책을 읽으면서도 많은 걸 얻었고 고대 철학의 가치도 재발견했다고 했다. 이 내담자와의 대화에서 디오티마가 언급한 격언 중 내게도 특별히 와닿은 것들은 다음과 같다.

"내 시선이 다른 사람과 다른 사물만 향한다는 건
곧 내 마음을 잃는 일이다."

시바타 규오

"계속 나 자신을 행복하게 하라!"

세네카

"용감한 마음은 큰 어려움을 작게 만든다."

데모크리토스

"현명한 사람은 용감하다."

공자

"내면의 저항을 이겨내고 지혜를 따르는 것이 진정한 용기다."

하야시 라잔

9

짜증과 분노를
어떻게 다룰 것인가?

"현명한 사람은 타인의 마음에
진정으로 공감한다."

― 노자

❖ 어느 청명한 가을날, 풍채가 좋고 건장한 남자가 디오티마를 찾아왔다. 수수한 옷차림에 중절모를 썼고 걸음걸이는 자신감에 차 있었다. 상담소를 찾아올 사람처럼 보이지는 않았다. 디오티마에게 무슨 조언을 얻으려고 하는지 궁금해졌다.

남자는 여기까지 오기가 꽤 힘들었다고 말했다. 지금까지 항상 모든 문제에 스스로 답을 찾고 다른 사람에게 도움을 요청한 적이 없었기 때문이다. 자기 문제를 어떻게 해결하면 되는지 잘 알고 있으며 늘 자기 방식대로 문제를 능숙하게 풀어왔다. 살면서 일이 잘 풀릴 때도 있고 잘 풀리지 않을 때도 있었지만, 자기 방식대로 밀고 나가니 결국은 길이 나타나더라는 이야기였다. 또 자신을 혈기왕성한 사람이라고 표현했고 화가 날 때면 큰소리를 내는 경우도 잦다고 했다.

사람들은 그런 그를 보고 다혈질이라고 비난하기도 했지만, 다른 사람들이 자기를 어떻게 생각하는지는 신경 쓰지 않았다. 논쟁이 벌어지면 피하는 법이 없고 심지어 소송까지 간 적도 한두 번이 아니었다. 가장 힘들었던 다툼은 어느 이웃과 싸웠을 때였다. 이웃은 결국 소송에서 이겼지만 이사를 가버렸다고 했다. 그런 성격 때문인지 주변에 친구가 많진 않지만 그게 괴롭다거나 하지는 않는다고 했다. 그에게 중요한 건 자기 생각을 다 표현하고 원하는 목적을 이루는 것이었다. 언제나 그렇게 해왔고 대부분 만족스럽게 끝났다.

하지만 몇 주 전에 너무 안타까운 일이 벌어져 상담소를 찾았다. 그에겐 열일곱 살짜리 아들이 있는데 원래는 사이가 꽤 좋았다. 아들은 오래전부터 엄마와 함께 살고 있고, 매달 둘째 주마다 남자를 찾아왔다. 방학에는 남자와 긴 시간을 보내고 간다고 했다.

※　※　※

내담자　마지막으로 아들이 찾아왔을 때 아들놈에게 방을 좀 치우라고 했더니 싫다면서 짜증을 내더군요. 결국 싸우고 말았지 뭡니까. 싸우다 말고 순간 화가 나서 저도 모르게 손이 올라가 아들 따귀를 때리고 말았어요. 그 순간 모든 게 끝났습니다.

그놈이 가방을 싸서 제 엄마한테 가버렸어요. 그 후론 소식이 없고요. 처음에는 저도 할 만큼 했다고 생각했어요. 하지만 시간이 흐르면서 곰곰이 생각해보니 제가 대체 무슨 짓을 한 건지 후회가 됩니다. 할 수만 있다면 모든 걸 되돌리고 싶은데 어떻게 해야 할지 모르겠네요.

디오티마 지금 상황을 어떻게 풀어나갈지 조언을 드리기 전에 몇 가지 기본 사항에 관해 먼저 이야기를 나눠보면 좋겠어요. 그러니까 원래도 자주 화가 나고 다른 사람들과도 걸핏하면 싸우는데, 이번에는 아들과 싸웠단 말씀이시죠?

내 담 자 그래요. 저는 원체 화가 많아요. 사람들이 각자 자기가 하고 싶은 대로만 하려고 들면 그렇게 짜증이 날 수가 없어요. 가끔 보면 다들 대체 어떻게 그런 멍청한 생각을 하고 사는지 모르겠다니까요. 물론 그냥 제 머릿속 생각에 그칠 때가 더 많죠. 하지만 다른 사람과 직접 부딪치는 상황이 오면 전 제 생각을 거리낌 없이 분명히 얘기해요.

디오티마 그렇게 하면 기분이 좀 나아지나요?

내 담 자 그렇다고는 할 수 없지만 그러지 않으면 속에서 더 열불이 날걸요? 멍청한 인간들이 얼마나 많은데요. 그런 멍청한 사람들에게 자기 말이 얼마나 얼토당토않은지 알려주지 않으면 세상이 엉망진창이 되고 말 거예요.

디오티마 낮에 싸우면 밤에도 생각나죠?

내담자 네, 싸울 땐 몰입을 제대로 하거든요. 집에 와도 흥분이 다 사그라지지 않은 채로 남아 있죠. 심할 땐 꿈속에서까지 이어서 싸운다니까요. 그럼 잠도 개운하게 못 자요.

디오티마 그런 생활에 만족하세요?

내담자 뭐, 그건 어떻다고 정확히 말하기가 어렵네요. 다들 어느 정도는 그러고 살잖아요. 사람이라면 자기 생각을 가지고 살아야죠. 논쟁할 때 저는 조금도 주저하지 않아요. 저 자신을 있는 그대로 보여주죠.

디오티마 제 생각에도 세상에 한 번도 안 싸우고 사는 사람은 없을 것 같아요. 분노, 짜증, 원망 등의 부정적인 감정은 마음에 큰 부담이 되는데도 말이죠. 그런데 이런 감정들이 오래 지속되면 고혈압, 동맥경화, 위장 및 심장질환, 관절염, 자가면역질환 같은 중병은 물론 심하면 암까지 걸릴 수 있어요.

내담자 정말인가요? 참, 동네 병원에서 혈압이 높아졌다는 얘기는 몇 번 들었어요. 위도 좀 안 좋았고요. 생각해보니 몸에 문제가 있긴 했네요.

디오티마 병원에서 뭐라던가요?

내 담 자 별다른 말은 없었고 약을 처방해줬어요. 아무튼 이게 그럼 다 제가 사람들을 보고 흥분하고 싸우려 들어서 생겼단 말이죠?

디오티마 그렇습니다. 다른 사람에 대한 긴장과 적대감은 스트레스를 일으켜요. 우리 몸은 스트레스를 인지하면 면역반응이 활발해지죠. 그런데 화를 많이 내면 스트레스가 줄어들 새 없이 만성화해요. 그럼 몸속 세포가 면역반응의 대상이 되어버려 세포에서 염증을 일으켜요. 바깥에서 들어오는 병원체를 무찔러야 할 면역반응이 몸속 세포를 향하게 되니 건강에 좋지 않은 거죠. 그래서 스트레스를 만병의 근원이라고 하는 거예요. 마치 해외 적군 기지를 점령한 아군들이 그곳을 떠나지 않고 나쁜 짓을 일삼는 것 같다고나 할까요.
게다가 짜증과 분노는 싸움이 끝난다고 해서 바로 없어지는 게 아니라 계속 내 안에 남아서 생각과 마음을 오랫동안 지배하잖아요. 그러니 신체의 면역반응도 계속되는 거예요. 긴장 상태가 이어지고, 평정을 찾기 어려워지고, 마음은 무거워지고, 그러면 결국 몸도 힘들어지는데, 이쯤 돼서 사태를 파악하고 나면 이미 병이 생기고 난 다음이에요. 너무 늦는 거죠.

내 담 자   그럼 이제 어떻게 하죠?

디오티마   일단 사람들과의 갈등을 줄이고 흥분하거나 싸우기를 멈추세요. 사실을 따지려는 게 아니라 인신공격으로 이어질 논쟁이라면 아예 시작하지 않는 게 가장 현명하고요.

내 담 자   조금 더 자세히 설명해주세요.

디오티마   사람들은 사실관계를 두고 벌이는 논쟁조차 개인적인 공격으로 받아들이기도 합니다. 상대가 하는 말 이면에 나에 대한 무시나 경멸이 깔려 있다고 지레짐작하는 거죠. 하긴 실제로 상대에 대한 모욕을 섞어 자기주장을 펼치는 사람도 있습니다. 같은 인간으로서 기본적인 존중조차 하지 않는 사람도 많고요. 그 과정에서 인간이라면 누구나 가지고 있는, 헌법에서도 불가침으로 명시하는 존엄성을 서로 침해하게 되지요. 그러면 사실관계나 가치판단을 두고 벌이는 논쟁인지 서로를 모욕하기 위한 공격인지 모호해져요. 둘의 경계를 구분하지 못할 정도로 갑작스럽게 그리고 거침없이 양쪽을 빠르게 오가곤 하죠.

내 담 자   아직 잘 모르겠어요.

디오티마   예를 들어볼게요. 당신의 동료나 연인이 당신이 볼 땐 옳지 않고 절대 이해할 수 없는 방법을 문제의 해결책이라고 주장하고 있다고 가정해봅시다. 당신과 상대방이 논쟁을 시작하고 서로를 설득할 수 없는 상황에 다다랐을 때 이런 말이 오갑니다. '도대체가 말이 안 돼! 어떻게 그런 생각을 할 수 있어? 이거 순 억지구만! 길 가는 사람 아무나 붙잡고 물어봐. 누가 당신 말에 동의하는지! 대체 어떤 세상에서 살다 온 거야?'

이런 말이 나오기 시작하면 처음에는 해결책을 찾고자 시작한 논쟁이 조금씩 인신공격으로 바뀌게 되죠. 상대방은 자신의 인격이 공격당했고 무시당했다고 여깁니다. 그러니 맞대응으로 똑같이 공격적인 말이 나올 수밖에 없고, 결국 논쟁은 성격이나 지적 능력 등을 공격하는 싸움으로 변질하고 맙니다. 이러면 상대의 생각이 아니라 그냥 상대방이란 사람 자체에 대해 분노하게 되죠.

짜증은 점점 불어나서 화가 되고, 그 화가 폭발하고, 더 심해지면 상대에 대한 혐오가 생겨요. 그 단계까지 가면 상대의 말 따윈 아예 들을 생각이 없고 억지를 부리기 시작하죠. 게다가 다툼의 발단에 돈 문제 같은 이해관계가 얽혀 있다면 법정까지 가기도 합니다. 논쟁이 개인적인 모욕으로 번지는 건 정말 순식간이에요. 개인적인 논쟁뿐 아니라 사회정치적 차원에서의 갈등이나 국가 간의 갈등도 이런 식으로 깊어집니다. 논쟁에 분노가 더해진 싸움은 아무리 작은 문제라도 언제든 전쟁으로 비화할 수 있어요.

내 담 자   다 맞는 말이지만 세상이 워낙 답답하잖아요. 어리석은 사람이 널렸다고요.

디오티마   누가 그렇게 어리석나요? 그 사람들이나 저나 당신이나 다 똑같은 사람 아닌가요? 누가 누구보다 낫다고 할 수 있을까요? 언제나 옳기만 한 사람이 있나요? 그렇게 치면 당신이 아들 뺨을 때린 건 잘한 일인가요?

내 담 자   그건 어쩌다 보니 손이 먼저 나간 거예요. 사람이 그럴 때도 있잖아요.

디오티마   그건 다른 사람도 마찬가지죠. 우린 다 같은 사람이에요. 당신이나 저나, 당신이 말하는 멍청한 사람들이나 다 거기서 거기예요. 다들 똑같이 실수하고 다들 약점이 있죠. 살면서 오해도 하고, 편견도 갖고 있고, 잘못된 정보를 믿기도 하고, 선입견도 품고 살죠. 우린 모두 유전자의 조합에 유아기의 경험이 더해지고 그 밖에 교육, 사회, 경제, 미디어, 정치, 문화 등의 영향을 받아 지금의 모습이 된 거예요. 이 중 상당 부분은 자기가 원해서 골라잡은 게 아니죠. 하지만 이런 것들은 이미 개개인의 무의식 속에 자리 잡았고 이 무의식이 대부분의 행동을 결정해요. 사람은 자기 자신의 힘만으로 통제할 수 있는 존재가 아니에요. 개개인의 성격은 기본적으로 앞에서 말한, 선택할 수 없는 여러 요소의 영향으로 이루어져 있다고 봐야 하고, 무엇이 얼마나 영향을 미쳤는지는 우리도 알아차리기 어려워요.

내담자 그런 논리라면 아무렇게나 살아도 변명거리가 되겠네요. 하지만 사람은 자기 행동에 책임을 져야 하잖아요. 성인이 되고 나서는 부모 탓을 할 수도 없고요. 전 여길 찾아오면 구체적인 해결 방법을 알려주실 줄 알았는데요.

디오티마 말과 행동에 대한 책임을 부정하는 게 아니에요. 전 모든 사람에게 약점과 성격적 결함이 있지만, 노력 여하에 따라 얼마든지 극복해낼 수 있다고 보는 사람이에요. 그게 어렵다는 것도 잘 알고 있죠. 그래서 많은 사람이 실패하는 거예요. 어떻게 해야 더 나은 사람이 될 수 있는지 잘 알면서도 실천하지 못하지요. 시도는 잘하지만 끈기가 부족한 사람도 많아요. 현재의 습관과 태만이 통찰력이나 의지보다 더 강하게 작용하거든요. 그렇지만 전 다른 사람들을 대상으로 도덕적인 가치 판단을 하지는 않아요. 제가 그들보다 높은 사람도, 더 나은 사람도 아니니까요. 저는 그들을 판단하는 법관이 아니에요. 상대보다 위에 있고 도덕적으로 흠결이 없는 사람만이 누군가를 판단할 수 있는 건데, 그런 사람은 없으니까요.

정신적으로 아픈 사람들 또는 당신이 멍청이라고 부르는 사람들의 인생 스토리를 듣고 나면 그들에게 미안함을 느끼고 이전에 가진 편견이 부끄러워질지도 몰라요. 심지어 범죄자에게도요. 내 영혼을 솔직하게 들여다보고 있으면 내 안에도 선과 악의 싹이 공존함을 알게 됩니다. 괴테는 자신도 머릿속으론 온갖 범죄를 상상할 수 있다고 했죠. **유리한 삶의 여건, 사랑을 듬뿍 주는 부모님, 성공적인 사회생활 등이 내 안의 자극과 충동이 우세해지지 않도록 우리를 잡아주고 있는 거예요. 전부 다 운이라고 할 수 있는 거죠.** 반대로 그렇지 못한 사람은 그저 운이 조금 덜했던 것뿐입니다.

젊었을 때 변호사로 일한 적이 있어요. 한번은 열일곱 살짜리 아이를 변호하게 되었습니다. 작은 도시의 골목에서 친구들과 함께 다른 사람들을 폭행해 담배를 빼앗은 사건이었어요. 독일에서 강도는 가장 낮은 형량이 징역 5년이랍니다. 구치소에서 아이를 만나던 날, 갑자기 아이가 저에게 자기가 살아온 이야기를 해주더라고요. 어린 시절, 아버지는 툭하면 가죽 벨트로 자신을 피멍이 들도록 때렸고, 알코올의존자인 어머니는 그런 모습을 보고도 그냥 방치했어요. 사실 저도 처음에는 그 아이를 돕고 싶은 마음이 전혀 없었습니다. 피해자의 처지만 생각했죠. 길거리에서 모르는 사람들에게 갑자기 폭행을 당하면 얼마나 끔찍하겠어요.

물론 아이의 슬픈 가정사를 들었다고 해서 폭력 자체에 대한 생각이 달라진 건 아니지만, 인간적인 면에선 그 아이를 대하는 내 태도가 많이 달라졌죠. 범죄 행위는 분명 나쁘지만, 그 아이가 나쁘다고 하기엔 이런저런 생각이 많아진 겁니다. 이후론 아이에게 미안함을 느꼈고 아이를 돕고 싶었습니다.

우리에게 다른 사람을 판단할 자격이 있을까요? 그 사람의 주장에 대한 내 생각과 관점은 얼마든지 드러낼 수 있죠. 이건 건강한 논쟁이에요. 동시에 공동체의 안녕을 위협하는 범죄 행위는 확실하게 처벌받아야 해요. 하지만 그 과정에서조차 인간으로서 가지는 존엄성은 근본적으로 존중받을 권리가 있어요. 우리와 마찬가지로 범죄자도 자기가 손들고 세상에 나온 게 아니고 자기가 태어날 곳의 여건을 선택해서 나온 게 아니에요. 아무 선택권 없이 태어나 불운한 환경에서 자랐을 뿐이죠.

그러니 함부로 남을 판단하지 말고 우리보다 더 높은 위치에 있는 신에게 그 권리를 넘겨야 합니다. 우리 중 죄 없는 자만 돌을 던지라고 하잖아요. 저는 죄 없는 사람이 아니고, 아마 당신도 아닐 거예요. 누군가를 판단하려면 그 사람이 누군지, 그 사람이 어떤 길을 걸어왔는지도 함께 알아야 합니다. 하지만 나 자신도 잘 모르면서 다른 사람이 어떤 사람인지 어떻게 알겠어요?

내담자 심리학이나 신학 혹은 철학 논문에서나 나올 법한 얘기군요. 하지만 실생활에선 별 도움이 안 될 것 같은데요. 누가 말로든 물리적으로든 저를 공격하면 우선 방어부터 해야죠. 그런 순간엔 말씀하신 것들이 생각 안 날 것 같습니다.

디오티마 당연히 자신을 방어해야 하죠. 문제는 어떻게 방어하느냐입니다. 당신은 그저 공격을 피하나요, 아니면 강하게 맞대응하나요? 상대를 깔아뭉개고, 모욕하고, 할 수 있는 모든 비난을 퍼붓지는 않나요? 물리적인 공격은 논외로 하죠. 드물게 일어나는 극단적인 경우니까요. 일반적으로 우리가 하게 되는 건 말싸움, 무시, 비난 같은 거죠. 이런 불상사를 방지하는 건 언제나 논쟁의 내용이 사실관계를 따지는 범주에서 벗어나지 않도록 하는 나 자신의 분별력이에요. 상대방이 그 경계에서 아슬아슬한 줄타기를 하더라도 그것과 상관없이 나는 평정을 유지해야 해요.

내담자 왜 그래야 하죠?

디오티마 당신을 위해서이기도 해요. 일단 당신의 고혈압과 위장 장애부터 생각해보세요. 벌컥 화를 낸다든가 흥분하고 열을 올릴 만한 상황을 피하고 침착함을 유지하세요. 그러면 저녁에 집에 돌아가서도 싸움이 아니라 편안히 다른 걸 생각할 수 있게 될 거예요. 잠도 잘 자게 되고요. 흥분과 개인적인 싸움으로 변질하는 논쟁을 계속한다면 고혈압과 위장 장애는 절대 낫지 않을 거예요. 나날이 심해지기만 하겠죠.

내담자 하지만 논쟁과 싸움은 저에게 이득이 되기도 해요. 제 입지를 확고하게 하고, 제가 인정받고 목적을 달성하도록 도와 줘요.

디오티마 정말인가요? 하지만 그 싸움이 개인적인 싸움이 되거나 끝나지 않는 힘겨루기가 된다면 오히려 대립이 심해지기만 하잖아요. 젊었을 땐 저도 충동적인 면이 있어서 종종 싸우기도 했어요. 대기업에서 어떤 프로젝트를 담당할 때였는데, 저를 입증하기 위해 아주 강력히 제 의견을 피력해야 할 때였죠. 목소리를 높여 제 의견을 관철하는 데는 성공했지만, 이후로 인간관계에서 고립됐어요. 게다가 사람은 자신과 같은 방식을 쓰는 더 센 상대에게 잡히곤 하잖아요. 그런 사람에겐 그런 부류의 상대가 다가오는 법이니까요. 제 속에는 걱정과 두려움이 싹텄고 경쟁에서 이겨야 한다는 압박이 끝없이 자라났습니다. 나중에는 마치 상어가 가득한 수조에 들어가 있는 기분으로 하루하루를 보냈어요. 음모와 지위 쟁탈전, 적대감이 도처에 있었어요. 저는 예민해졌고, 산만해졌고, 쉽게 흥분했고, 잠을 잘 못 잤고, 결국 아팠습니다.

그래서 바뀌려고 노력했어요. 주장하는 내용과 사람을 분리하고, 저와 다른 생각을 하는 직장 동료와 상사도 존중하고, 문제가 발생하면 강인하고 끈기 있게 대처했어요. 매사에 우호적인 자세를 취하고 다양한 의견을 열린 마음으로 경청했더니 내 편이라고 생각했던 사람들뿐 아니라 경쟁자나 적이라고 생각했던 사람들까지 전보다 저를 훨씬 더 부드럽게 대했습니다. 비록 일로 더 인정을 받는 건 아니었지만, 저도 더 이상 적대나 적개심을 느끼지 않게 되어 편안해졌죠. 직장 생활이 나아지니 일상생활도 한결 평화로워졌어요. 제가 먼저 친근감을 보이자 저와 경쟁 구도를 형성하던 이들과도 잘 지내게 되었습니다. 때로는 친구가 되기도 했고요. 그들에게 보인 우호적인 태도가 그들이 저에게 휘두르던 칼과 창을 내려놓게 한 거예요. 더 이상 저를 적으로 인식하지 않은 거죠.

내담자 동의하기 어렵네요. 제 자리를 호시탐탐 노리는 사람, 나를 모욕하고, 무시하고, 나아가 목숨까지 위협하기도 하는 사람을 어떻게 호의로만 대할 수 있단 말입니까?

디오티마 사람들을 호의로 대한다는 건 시종일관 굴복하는 걸 말하는 게 아닙니다. 타인에 대한 존중과 친근감을 잃지 않고, 그들을 이해하고 존중하며, 가치 판단을 하지 않은 채 편견 없이 대하는 걸 의미해요. **인위적으로 그렇게 하거나 억지로 그런 척하는 게 아니라, 실제로 마음에서 우러나야 해요.** 처음 만났을 땐 좋은 점이라고는 하나도 찾아보기 어려웠던 상대도 이해하려고 하는 의지를 가지고 여러 대화를 나누다 보니 그가 가진 좋은 점을 발견하게 되더라고요. 다른 사람을 이해하려는 나의 노력이 상대에게 더욱 가까이 다가갈 수 있도록 다리를 놓아준 거죠.

내담자 하지만 절 무너뜨리려는 사람, 절 공격하거나 모욕하는 사람을 무슨 수로 좋게 본단 말입니까? 제가 어떻게 해보려고 하기도 전에 저절로 감정이 욱하고 올라오는걸요.

디오티마 그럴 수 있죠. 내 안에서 일어나는 감정을 내 맘대로 제어하기는 어려워요. 그렇기 때문에 아예 다른 사람을 바라보는 나의 관점 자체를 근본적으로 바꿀 필요가 있어요.

내 담 자 관점을 바꾸라니요?

디오티마 더는 함부로 다른 사람을 재단하지 말라는 말입니다. 좋은 사람과 나쁜 사람으로 분류하지도 말고, 타인을 멍청이, 무능한 사람, 나쁜 사람, 사기꾼, 거짓말쟁이 등으로 낙인찍는 것도 그만두세요. 나의 명성, 자존감, 인격 등을 지키기 위해 나 자신을 방어하는 건 너무나 자연스러운 현상이지만, 그렇다고 상대를 적으로 인식하고 공격을 가한다면 해결할 길 없는 개인 간의 분쟁으로 치닫고 말죠. 그런 갈등이 순조롭게 마무리되는 일은 드뭅니다.
  친구가 아니면 적이라는 마인드는 언제나 전쟁을 불사하는 갈등으로 이어질 뿐입니다. 한쪽이 어떤 말을 내뱉으면 그 말에 대항해 다른 쪽도 같은 말을 내뱉고, 그런 식으로 적개심이 점점 더 커지는 거죠. 하나의 폭력과 그에 대한 복수는 또 다른 폭력과 복수로 이어지고 이로써 끝없는 악순환에 빠지죠. 우리 삶에서 이런 악순환이 생기지 않도록 주의해야 합니다. 상대방이 싸움을 걸어도 절대 말려들지 마세요. 사실관계를 다투는 영역에 악착같이 머물러 있으세요. 마지막 순간까지 상대방에 대한 호의를 접지 않을 거라는 의지를 표현하세요.

내 담 자   어떻게 하면 그런 경지에 이를 수 있죠?

디오티마   다른 사람들에 대한 당신의 생각만 바꾸면 가능한 일이에요. 친구가 아니면 적으로 규정하는 일을 멈추세요. **사람들 사이엔 우열이 없고, 나를 포함한 우리 모두 약점과 성격적 결함이 있다는 사실을 인정하세요.** 우리는 모두 자신의 선택으로만 이루어진 존재도 아니며, 누구도 다른 사람을 함부로 판단한 권리가 없다고 수시로 상기하세요. 다른 사람에게서 자기 자신의 모습도 찾으시고요.

　『우파니샤드』에 이런 말이 있어요. '나의 적이여, 그대의 모습이 나의 모습이구나!' 그러니 끊임없이 자신에게 이렇게 물으세요. 나에게는 저런 모습이 없는가? 나에겐 저 사람이 가진 것과 같은 결함이나 약점이 없는가? 나는 얼마나 올바르게 행동하며, 나는 다른 사람에게 상처를 준 적이 없는가? 설령 그 사람의 그릇된 점이 나에게는 없다고 해도 분명 어딘가 다른 면으로는 내가 잘못하는 게 있을 거예요.

　그런 질문을 계속 반복해서 내면화한다면 다른 사람에 대한 당신의 생각도 조금씩 바뀔 겁니다. 더 부드러워지고, 이해심이 넓어지고, 선입견에서도 벗어나겠죠. 이런 태도를 취하면 다른 사람을 실제로 이해하고 그들과 친밀해지게 됩니다. 세상에 용서를 빚진 것처럼 다른 사람을 용서하는 법을 배워야 해요. 당신이 먼저 그렇게 행동하면 상대방도 역시 긍정적으로 나올 테고 결국 당신에게도 도움이 될 거예요.

내 담 자 말씀하신 방법으로 제 관점이 바뀔지 의문이네요.

디오티마 저 또한 예전에는 바뀔 수 없다고 생각했어요. 그러다 어느 날 저의 철학 스승님께서 소개해준 마음 훈련을 똑같이 따라 해봤어요. 스승님도 마르쿠스 아우렐리우스의 『명상록』에서 배운 거였죠. **'다른 사람의 실수에 화가 난다면 즉시 자신을 돌아보고 비슷한 실수가 없는지 생각해보라. 그의 충동적인 행동에서 내 모습을 발견한다면 금세 화가 가라앉을 것이다.'** 이 말을 가슴에 새기고 충분히 연습하고 나니 실제로 다른 사람들에 대한 제 생각이 바뀌더라고요. 사람들을 판단하거나 왈가왈부하기를 그만두었고, 사람들이 가진 모든 약점이나 실수 같은 것도 내면에서부터 진심으로 용서하는 법을 배웠어요.

지금은 더 이상 사람들에게 화가 나지 않아요. 그들의 태도는 그들의 문제예요. 내 문제로 끌어올 필요가 없습니다. 나를 향한 그들의 공격 역시 대부분 그들 자신에게 되돌아가 스스로에게 해를 끼칠 뿐이에요. 그들의 공격 뒤에는 스스로 해결하지 못한 깊은 고통과 갈등이 있으며, 어떻게 손써볼 도리 없는 사회적, 경제적, 개인적 문제가 있다는 걸 알았어요. 안타까움을 느낄지언정 화가 나지는 않더군요. 그들이 더 이상 자기 손으로 어찌할 수 없는 마음의 문제로 얼마나 고통받고 있는지 직접 보았으니까요. 아픈 사람을 어떻게 이렇다 저렇다 평가할 수 있겠어요?

내 담 자 그 마음 훈련에 관해 더 자세히 알 수 있을까요?

디오티마 철학 스승님이 제게 하신 말씀을 그대로 옮겨볼게요.

'누군가 자네의 말이나 행동이 틀렸다고 지적하고 자네를 부당하게 비판하고 공격하여 그 사람에게 화가 나더라도 일단은 바로 반응하지 말고 자기 자신을 먼저 돌아보게나. 정말 그런 일이 있었는지 아니면 엇비슷한 말이라도 했는지, 지금 그가 하는 실수나 과오를 스스로 범한 적은 없는지 스스로를 한번 돌아보게나.

그 과정에서 정말 많은 걸 깨우칠 수 있다네. 자네 마음속에 끓어오르는 분노의 불길에 기름을 붓지 말게나. 내버려 두면 그 불은 금세 꺼질 테니 말일세. 하지만 우리가 다른 사람과 그 사람의 잘못된 행동에 계속 집착한다면 내 안의 부정적인 감정은 점점 더 커지고 불필요하게 에너지만 빼앗기게 된다네.

자신을 돌아보면 나 역시 그런 약점에서 자유롭지 않으며 이미 비슷한 행동이나 말을 한 적이 있음을 깨닫게 될 것이네. 비슷한 사건을 기억해낼 테고, 당시에 왜 그렇게 행동하거나 말했는지 그 이유도 떠오를 것이네. 아마도 과로했거나, 잠을 푹 자지 못했거나, 연인과 다퉜거나, 그것도 아니라면 단순히 생각이 짧고 부주의했기 때문일 테지.

거기까지 생각했다면 이제 그런 자신의 경험을 현재 상황에 비춰보게. 다른 사람이 그때의 나와 비슷하게 행동했을 뿐이고, 그게 바람직하지 못한 방식으로 표출됐다고 생각하면 된

다네. 그러면 그들의 말이나 행동에 좀 더 관대해지고, 마구 끓어오르던 분노도 가라앉을 것이라네.'

저도 스승님의 말씀을 따라 연습했는데, 정말 두세 달이 지나니 어떤 사람을 봐도 부정적인 감정이 일지 않았습니다. 순간적으로 짜증이 올라올 때도 없진 않았지만, 그간 연습했던 생각과 감정 덕분에 즉시 사그라졌죠. 분노라는 감정으로 번지지 않았습니다. 공격에 대한 자극, 그 자극에 대한 분노라는 연결 고리가 끊어진 거예요. 숲속을 향해 소리를 치면 어김없이 돌아오던 메아리가 더 이상 돌아오지 않았어요. 그 이후로 저는 더는 싸우지 않았고, 적을 만들지 않았고, 직장 안에서나 밖에서나 모든 인간관계가 즐겁고 평화롭고 조화로워졌습니다. 물론 견해 차이로 발생하는 논쟁이야 있지만, 그럴 때도 상대방이라는 사람에 대한 공격은 조금도 끼어들지 않았어요.

제 인생 자체가 그 이후로 많이 바뀌었습니다. 저는 그 점이 참 만족스러워요. 이제는 원수도 사랑하라는 말이나 기본적으로 모든 사람을 사랑으로 대해야 한다는 말이 무슨 뜻인지 이해가 돼요. 자연에 대한 사랑, 창조물에 대한 사랑과 마찬가지로 인류에 대한 사랑을 갖는 거죠. 그 사랑을 잘 가꾸면 함께 세상을 살아가는 사람들을 다른 눈으로 보게 돼요. 어떤 사람이 누구든, 무엇을 했든, 무슨 말을 했든 그들이 우리의 내면에 부정적인 감정을 일으키게 두면 안 돼요. 어떤 상황에서도 태연하고 침착해야 하죠.

내 담 자   이제 조금 알 것 같은데, 예를 들어주시면 좋겠어요.

디오티마   뒤에서 전조등을 깜박거리거나 자신의 차 바로 뒤에 바싹 붙어 운전하는 차 때문에 종종 위협을 느끼는 여성이 있었어요. 문제는 그런 일이 생길 때마다 자신이 너무 화를 내고 흥분한다는 사실이었어요. 그녀는 그런 감정에서 자유로워지고 싶었죠. 그래서 언젠가부터 차라리 이렇게 상상해보기로 했어요. 보통 차를 난폭하게 모는 운전자는 남자인 경우가 많았대요. 그런 차를 볼 때마다 지금 저 남자 곁엔 첫아이 출산이 임박해 산통에 아파하는 아내가 누워 있다고 상상하기로 한 거죠. 그렇게 상상하면 짜증이 가라앉고 마음이 차분해진대요. 썩 괜찮은 방법이지 않나요? 이 방법은 대화 중에도 적용할 수 있죠. 누군가가 나를 모욕하거나 무시할 때도 모두 어쩔 수 없는 상황일지 모른다고 생각하는 거예요.

내 담 자   정말 그럴 수 있겠군요. 하지만 굳이 그래야 하나 싶은 생각도 들어요. 상대방에게 책임을 묻고, 잘못을 깨닫게 하고, 그게 올바른 게 아님을 분명히 알게 해주고 싶단 말입니다. 쉽게 용서할 수 없는 일도 있잖아요.

디오티마   그래도 그들과 똑같이 행동하진 마세요. 당신이 먼저 그들의 말과 행동을 이해하려고 노력한다면 상대방도 당신이 하는 말에 귀를 기울일 가능성이 더 커져요. 물론 처음에는 공격적이고 통제되지 않은 감정을 억누르기 급급하겠지만 꾸준히 마음 훈련을 하다 보면 조금씩 나아질 겁니다.

내담자 하지만 다른 사람을 몰아붙여서 흥분할 수밖에 없게 만드는 오만한 자들인데, 그렇게 대접해줄 가치가 있을까요?

디오티마 그런 상황에서도 상대방의 입장을 이해하려고 노력하고 있다고, 또 평가가 아닌 공감을 하려고 노력하고 있다고 진지하게 신호를 주고 본인 생각을 이야기해보세요. 부정적인 감정이 마구 피어나고 편견이 생기기 시작한다면 상대도 금방 알아차려요. 사람들은 그런 데 굉장히 민감합니다.
　그러니 주변 사람들에 대한 태도를 정말로 내면 깊은 곳에서부터 바꿔서 달라진 태도를 유지해야 합니다. 그래야 흥분할 수밖에 없는 상황이 와도 부정적인 감정 자체가 생기지 않지요. 최소한 몇 주는 연습해야 합니다. 별다른 사람도 없고 모두 결점을 가진 존재라는 걸 이해하고 끈기 있게 연습하면 당신도 충분히 달라질 수 있어요.

내담자 생각 없는 이기주의자, 상대방을 착취하는 나르시시스트, 갑질하는 못된 상사, 부패한 정치인, 범죄자나 독재자에게 동정심을 느낄 날이 과연 진짜 올지 상상이 안 되네요.

디오티마 그런 사람들 역시 나와 같은 사람이에요. 무지하고, 무능하고, 약점 많고, 그렇게 될 수밖에 없는 어떤 이유가 있는 사람인 겁니다. 삶에서 온화함을 정말로 실천하고 싶다면 사람들이 왜 그릇된 행동을 하는지를 이해하려고 노력하고, 가능하다면 더 나은 행동을 할 수 있도록 그들을 도와야 합니다. 반박하고 싶은 마음이 들겠죠. 그들을 이해하려고 하고 우호적으로 대하려고 해도 인내심에 한계가 올 때도 있을 거예요. 그럴 때도 상대가 무슨 말이나 행동을 하든 흔들리지 않을 다른 연습 방법도 있어요.

내담자　어떤 연습인데요?

디오티마　연습 자체는 별것 아니지만 꾸준히 하면 인간관계의 갈등에서 생기는 감정을 통제하는 데 도움이 될 거예요.
　누군가에게 화가 나기 시작하고 내 안에서 짜증이 부글부글 끓는 걸 느낄 때 그 감정에 바로 반응하지 않고 첫 감정의 소용돌이가 가라앉을 때까지 잠시 기다리는 겁니다. 가능한 한 흥분한 상태에서는 반응하거나 행동하지 말고, 밖으로 그 감정을 표출하지 마세요. 그런 감정들은 이성을 멈추게 해 갈등을 해결하는 데 전혀 도움이 되지 않으니까요. 흥분한 채로 반응하면 오히려 모든 게 더 악화하기만 한다는 사실을 기억하세요. 악순환이 시작되지 않도록 내 선에서 끊는 겁니다.
　상대방의 공격, 적개심, 불친절함을 나라는 개인과 연결 짓지 마세요. 상처 받은 자기애가 격분해 날뛰게 두지 말자고요.

위대한 사람은 상대가 모욕한다고 모욕당하지 않으며, 무시한 다고 무시당하지도 않습니다. 자존감을 다른 사람의 손에 맡기 지 말고 전적으로 내 손에 쥐고 있어야 해요. 그리고 이 유명한 말을 기억하세요. '땅에서 개가 짖는다고 하늘 위에 뜬 달이 괴 로워하겠는가?'

다른 사람이 표출하는 문제를 내 것으로 만들지 마세요. 그 런 문제들은 대체로 당신과 상관이 없고, 그저 본인의 불만과 우울함을 그런 식으로 표현하는 것뿐입니다. 그러면 이렇게 말 하세요. '저 사람의 문제가 내겐 없으니 참 다행이구나!'

인생은 결코 쉽지 않죠. 그러니 많은 사람이 자신의 부정적 인 감정이며 내면의 불안감과 불균형을 떨쳐내지 못한 채 고통 받으며 살아갑니다. 그런 사람들은 자기 영혼을 잠식하는 근본 원인을 해결할 능력이 없어요. 그래서 자기 안에 고인 분노를 다른 사람에게 표출하는 겁니다. 그러니 이렇게 되뇌세요. '원 래 사람이 그렇다.'

그런 사람들을 그냥 바라보세요. 그들이 하는 말과 행동 때 문에 내면의 평온을 망치지 마세요. 자존감을 지키고, 마음의 중심을 지키세요. 그 중심에 강인한 내면의 성을 쌓아서 그 안 으로 타인의 어떠한 공격과 비난도 들어오지 못하게 하세요. **아침마다 집을 나서면서 잠시라도 시간을 내, 오늘도 역시 기 분이 나쁘고 자기 안의 부정적인 감정을 나에게 전가하려는 사람을 만나게 될 거라고 각오하세요.** 그런 만남은 결코 피할 수 없습니다. 하지만 대비는 할 수 있죠. 또 그런 공격이 나에게 아무런 영향을 주지 않도록 준비할 수는 있어요. 내면의 평온함을 지키고, 내 안의 부정적 감정이 나 자신을 망치지 않도록 조절하는 방법이죠.

인생은 짧고, 다른 사람에게 화를 낼 시간 따위는 없다는 걸 기억하세요. 당신의 계획이나 의도가 다른 사람의 반대로 순조롭게 풀리지 않을 때도 인내심을 가지고 관대하게 생각하세요. 모든 것을 즉각적으로 처리해야 할 필요는 없습니다. 적절한 순간에 당신의 때는 반드시 옵니다. 산 아래로 흐르는 물은 자신의 본질을 포기하지 않고도 어느 곳에서나 존재할 수 있기에 모든 곳으로 흘러가죠. 기나긴 진화의 역사에서도 멸종하지 않고 살아남은 종은 가장 세거나 가장 똑똑한 존재가 아니라 주어진 상황에 가장 잘 적응하는 존재였습니다. 적응한다는 것이 자기다움을 포기한다는 뜻이 아닙니다. 오히려 모든 역경에도 불구하고 자기다움을 유지하는 걸 말하죠.

논쟁은 대부분 사소한 것에서 출발하니 애초에 흥분하거나 싸울 가치가 없습니다. 중요한 것이 무엇인지에 집중하고 장기적인 내 인생의 목표를 생각하며 행동하세요. 논쟁의 중요성을 생각하고, 더 침착하고 더 평온해지세요. 때로는 져주는 것도 괜찮습니다. 물질적 요구를 둘러싼 법적인 문제에서는 때로는 포기하는 게 심적으로 스트레스를 받지 않는 방법이기도 하죠. 당신이 가진 모든 권리를 빡빡하게 주장할 필요가 없습니다. 그저 당신이 추구하던 원래의 삶의 목표만 생각하세요.

지금까지 말씀드린 건 분노, 짜증, 심지어는 혐오와 같은 부정적인 감정이 갑자기 생겨나고 끓어오르는 일을 막아주는 생각법입니다. 싸움으로 번질 수 있는 상황에서도 마음을 차분히 가라앉혀 줄 테니 꾸준히 연습해보세요. 저도 여전히 그렇게 하고 있습니다.

내담자 좋아요. 한번 해보죠.

디오티마 해본 다음에는 따로 시간을 내어 좀 더 나아졌는지, 나의 태도가 변했는지, 감정적인 반응이 달라졌는지, 평온해졌는지, 침착해졌는지 마음을 점검하세요. 한 번에 되지는 않으니 주기적으로 꾸준히 연습하셔야 합니다.

✳　✳　✳

남자는 몇 번 더 디오티마를 찾아왔다. 처음에는 연습을 힘들어하는 듯했다. 하지만 디오티마는 계속해서 그가 포기하지 않도록, 연습 과정과 자기 자신에게 믿음을 갖도록 독려했다. 마지막 면담에서는 남자가 적을 사랑하는 법을 배우기는 여전히 힘들지만 적어도 적을 만들지 않을 준비는 된 것 같다고 말했다. 사람들을 향한 그의 태도는 변했고, 마음 또한 안정된 것 같았다. 예전보다 훨씬 침착해졌고 다른 사람을 보고 갑자기 흥분하는 일도 줄었다. 디오티마는 시간이 지나면 완전히 사라질 거라고 확신했다.

남자의 면담 내용은 나에게도 깊은 인상을 남겼다. 나 역시 그를 따라서 디오티마가 안내한 방법대로 연습하기 시작했다. 덕분에 나의 태도며 다른 사람들과의 인간관계도 많이 좋아졌다. 다른 사람들을 향한 분노나 내 마음대로 판단하는 일도 눈에 띄게 줄었다. 면담 중에 들은, 기억에 남아 있는 격언들은 다음과 같다.

"인간성을 갖춘 사람은 근심 걱정할 것이 없다."

하야시 라잔

"우리의 손은 우리의 도움을 필요한 사람을 위해
항상 준비되어 있어야 한다."

세네카

"다른 사람의 마음에 주의를 기울여라.
그러면 그들이 어떤 영혼을 가진 아이인지 보일 것이다."

마르쿠스 아우렐리우스

"자신을 존중하는 사람이 다른 사람도 존중한다."

소크라테스

"기뻐하고 인내하라. 그러면 마음이 풍요로워질 것이다."

고대 이집트 격언

"자신을 잘 대하는 사람이 다른 사람도 잘 대한다."

에픽테토스

“현명한 사람은 모든 사람에게 관대하다.”

고대 이집트 격언

“모든 사람에게서 자기 자신을 본다.”

『우파니샤드』

3장

운명을
사랑하기 위해
알아야 할 것

10

무엇을 받아들이고
무엇을 거부할 것인가?

"현명한 사람은 불행 속에서
행복을 찾는다."

― 공자

❖ 친구가 디오티마 얘기를 하도 해서 한번 찾아와 봤다는 남자가 있었다. 친구가 본인을 그렇게나 걱정하더라는 것이었다. 친구는 이 남자가 갈수록 세상을 부정적으로 보고 웃는 날이 줄어들고 있다고 말했다.

남자는 시종일관 투덜거렸다. 더는 아무런 희망이 없다며 입만 열면 불평을 쏟아냈고, 세상이 자신이 잘되는 걸 싫어한다고 말했다. 또 너무 많은 상황에 일일이 분노했다. 자기가 계획하는 모든 일이 하나같이 잘못되기만 하고, 언제나 뭔가 하나가 끼어들어 일을 방해하거나 누군가 중간에 산통을 깬다고도 말했다. 자기 인생이 늘 제자리걸음이고 아무것도 나아지는 게 없다고 불평했다. 분노와 좌절이 찾아들면 너무나 크게 빠져들고, 그런 날은 잠도 깊이 자지 못했다. 급기야 위궤양에 걸렸다는 진단까지 받았다. 놀라운 일은 아니었다.

※　※　※

디오티마　화를 내고 세상을 의심하기를 그만두세요.

내담자　저도 그러고 싶어요. 안 되니까 그렇죠.

디오티마　몇 가지 생각을 의식적으로 하셔야 해요. 우선 원하는 걸 다 이루어내는 사람은 세상에 아무도 없다는 것과 모든 일이 계획한 대로 되지는 않는다는 거예요. 그러기는커녕 너무나 많은 일이 생각과 달리 흘러가죠. 우연한 일이나 다른 사람이 내린 결정에 좌우되기도 하고요. 중간에 예상치 못한 수천 가지 변수가 쏟아지기도 해요. 어떤 건 생각한 대로 되지만 어떤 건 실패하고, 또 어떤 건 생각지도 못한 다른 방향으로 흘러가죠. 모든 일이 계획한 대로 되어야만 한다는 믿음은 그야말로 환상이 아닐까요?

내담자　물론 그렇겠죠. 하지만 누구나 계획대로 일이 되게 하려고 최선을 다하잖아요. 원하는 대로 안 됐을 때 분노하고 좌절하는 것 역시 지극히 자연스러운 일 아닌가요?

168

디오티마   자연스럽죠. 하지만 분노라는 게 결국 계획이 실패할 수도 있다는 사실을 모르거나, 알면서도 인정하기 싫어서 생기는 감정이잖아요. 당신도 마찬가지일 테고요. 현실을 직시하지 않으면 인생에 실망할 수밖에 없어요. 뭔가를 시작하거나 계획할 때 왜 처음부터 변수를 고려하지 않는 거죠? 내가 원하는 것은 현실화되기 어렵고, 계획을 실행할 수조차 없을 때가 많다는 걸 지금까지 살아오면서 겪은 수많은 일로 알 만큼 알게 되었잖아요. 다른 사람들을 봐도 알 수 있고요. 그럼 계획을 실행에 옮길 때마다 이렇게 생각해볼 수 있지 않을까요?

'이 목표를 달성하고 싶어. 원하는 걸 이루어내고 계획을 실현하기 위해 최선을 다할 거야. 하지만 나 하나 잘한다고 되는 게 아니라 다른 사람이나 외부 여건, 우연한 일에 영향을 받을 수도 있어. 시도조차 어려울지도 모르지. 난 그 사실을 충분히 인지하고 있어. 그러니 마음의 준비를 해야지!'

예를 들어볼게요. 여행을 계획하고 있다고 해보죠. 휴가지에서 따뜻한 햇볕을 받으며 해변을 거닐 날을 그리며 여러 계획을 세울 거예요. 하지만 그중엔 당신 힘으로 컨트롤할 수 없는 일도 있어요. 일단 회사에 올린 휴가 기안에 승인부터 떨어져야 하고요, 당일에 아프면 안 되고요, 여행을 방해하는 일이 생겨도 안 되죠. 정확한 시간에 공항에 도착해야 하고, 비행기에 결함이 발생하지 않아야 하고, 목적지 국가의 정치적 상황이 안정적이어야 하고, 외국인에게 관대한 분위기여야 할 겁니다. 또 숙소는 편안해야 하고, 기온도 적당해야 하고, 햇살까지 좋으면 더 좋고요. 이 밖에도 많은 것이 충족돼야 해요. 심지어 이 중 많은 조건이 계획한 대로 착착 맞아떨어진다고 해도 그 게 곧 멋진 여행이 되리라는 보장은 없죠.

이때, 이 모든 걸 머릿속에 넣어둔 채로 스스로에게 이렇게 말해보는 겁니다. '이대로 될지 한번 보지 뭐'라고요. '모든 게 맞아떨어져야만 해!'라고 너무 집착하는 대신에 말이에요.

그러면 마음이 편안해지고 실제로 무슨 일이 일어나더라 도 평정심을 유지할 수 있답니다. 물론 실망할 일이야 얼마든 지 생길 수 있겠지만, 상황이 순조롭게 흘러가지 않을 때를 대 비해 마음의 준비를 했기 때문에 화가 치밀어 오르진 않을 거 예요. 오히려 별문제 없이 잘 다녀왔다고, 여행에서 꽤 많은 걸 경험하고 왔다고 결론지을 수 있을 거예요. '계획이 틀어져도 나는 잘 대처할 거야'라는 여유로운 믿음을 갖게 되는 거죠.

내담자　살면서 뭔가 이룬 적이 없어서 그게 무슨 느낌인지 모르겠네요.

디오티마　정말요? 스스로에게 너무 가혹한 것 아닌가요? 진지 하게 생각해보세요. 몸도 지금 위궤양만 빼고는 건강하잖아요. 건강하지 못한 사람이 얼마나 많은데요. 집도 있잖아요. 집 없 는 사람도 얼마나 많아요. 또 먹을 음식도 충분하죠. 당장 먹을 게 없어 배를 곯는 사람이 한둘이 아니에요. 여행도 떠날 수 있 고, 차도 있죠. 수많은 사람이 여행도 못 가고 차도 없는데 말이에요.

저는 지구상에 살아가고 있는 대다수의 다른 사람과 비교할 때 당신이 갖춘 외부적인 여건이 꽤 상위에 속한다고 봐요. 경제적, 사회적 조건 어디를 봐도 운이 좋은 편입니다. 인류의 역사를 보면 그 사실이 더 분명해지죠. 이렇게 많은 복지 제도를 누릴 수 있었던 게 언제였으며, 자아실현을 할 수 있는 방대한 가능성이 열려 있는 시대가 언제였나요? 제2차 세계 대전을 몸소 겪은 조부모님 세대는 전쟁이 끝나고 하루아침에 모든 재산을 잃고 갑자기 노숙자가 되는 일이 부지기수였어요. 살아남은 이들도 종전 후 첫 겨울을 장작과 불도 없이 지내야 했죠. 일부는 얼어 죽고, 일부는 굶어 죽고, 운 좋게 살아남아도 고통에 시달렸습니다. 이런 시대에 산재하던 문제에 비해 휴가 취소, 계획 실패, 직장 문제 발생, 자동차 결함, 비행기 연착 같은 문제는 너무 사소한 것들 아닌가요?

내 담 자 그래도 화는 나는데요.

디오티마 왜겠어요? 모든 게 내 생각대로 되어야만 한다는 마음 때문이죠. **모든 게 잘 갖춰져 있어야 마땅하다고 여기는 오만한 생각과 사소한 것 하나하나까지 모두 너무 중요하다고 여기는 그릇된 마음이 우리를 괴롭히는 거예요.** 하지만 인생에서 정말로 중요한 게 뭐죠? 무엇이 당신 인생에서 가장 중요한가요?

내 담 자   목표를 이루고 자아를 실현하는 거죠.

디오티마   그럼 그 목표는 뭐예요?

내 담 자   일상에서 하는 수많은 계획과 소망이죠. 이것들이 충족되지 않으면 화가 나는 거고요.

디오티마   그럼, 당신이 소망하고 목표하는 바를 모두 이룬 후에도 여전히 불만족스럽고 불행하다고 가정해봅시다. 그래도 그 소망과 목표를 이루기 위해 노력하시겠어요?

내 담 자   그럼 노력할 필요가 없죠.

디오티마   그 말은 곧, 모든 계획, 행동, 노력이 결국은 기분 좋고 행복해지기 위한 거라는 말이네요?

내 담 자   그렇죠.

디오티마   그렇다면 왜 굳이 먼 길로 돌아가세요? 왜 행복에 이르는 더 짧은 길을 찾아보려고 하지 않으세요? 평안해지는 건 얼마나 많은 목표, 계획, 소망을 달성하는가에 달린 게 아닐 수도 있지 않을까요?
　세상을 보고, 주변 사람들을 둘러보세요. 겉보기엔 이미 성공했고 자신이 추구하던 바를 이룬 사람이 너무나 많습니다. 하지만 그들은 목표 지점에 다다르면 또다시 새로운 목표를 세워요. 더 많이, 더 멀리, 더 높이 가려고요. 다들 유령이라도 쫓고 있는 것 같지 않나요? 성공했고 힘 있고 유명하고 부유한 사람이 되면 정말 남부럽지 않은 행복한 사람이 될 수 있는 걸까요?

내담자 꼭 그런 것만은 아니겠죠.

디오티마 우리가 행복해지는 건 외적으로 얼마나 이뤄냈는지, 뭘 얻었는지에 달린 게 아닌 겁니다.

내담자 그렇다면 뭘 해야 행복해지나요?

디오티마 내가 무엇을 가졌는지, 내가 누구인지, 내가 무엇을 하는지에 얼마나 만족하느냐에 달렸지요. 있는 그대로의 상태에서 만족을 느끼는 겁니다. 모든 것에 감사하고, 가지지 못한 것에 집착하지 않고, 앞으로 할 수 있고 활용할 수 있는 것에 집중하는 겁니다. 자기 자신답게 존재하고, 내가 꾸려나가는 나의 삶, 나의 생각, 나의 느낌, 있는 그대로의 세상, 있는 그대로의 사람들에 대해 '오케이, 그래'라고 말하는 겁니다. 내 힘으로 바꿀 수 없는 것들을 현명하게 견디는 것도 포함해서요.

있는 그대로의 나에게 만족하면 소망과 목표를 버릴 필요도 없습니다. 오히려 자신의 힘과 능력을 목표를 달성하는 데 집중할 수 있어요. 물론 목표를 달성할 수 있느냐가 아니라, 이미 얼마나 가지고 있느냐에 감사함으로써 행복과 안녕을 얻는 거예요.

과정이 곧 목표입니다. 목적지로 가는 과정에서 만족감과 충족감을 더 많이 느낄 수 있어요. 목표를 이룬 순간에는 큰 기쁨을 느끼지만 그 감정은 생각보다 빨리 사라지고 곧 새로운 목표를 세우게 되잖아요. 외부적인 목표를 정하는 것 자체는 좋은 일이고 의미 있습니다. 하지만 목표에 도달하자마자 공허함을 느끼고, 공허함은 새로운 목표로 다시 채워야만 합니다. 목표를 이루는 과정에서 얻는 기쁨보다 목표 달성 자체를 우선하면 안 돼요. **마치 하이킹과도 같죠. 산 정상에 도달하겠다는 목표도 좋지만 실제로 나의 몸과 정신에 유익한 것은 정상까지 가는 등반 과정이잖아요.**

감사하기와 겸손하기를 실천하는 사람들은 사소한 일이나 사건에서도 기쁨과 행복을 찾아내요. 어째서 사람들은 가진 것보다 나에게 없는 것을 그렇게 줄기차게 바라보는 걸까요? 외부적인 것들을 너무 중요하게 여기지 말아야 해요. 원하는 걸 달성해도 그보다 더 많은 걸 원하게 되니까요. 그 어떤 외부적인 요소도 우리에게 마르지 않는 만족감과 성취감을 주지는 못합니다. 오히려 항상 더 많은 것을 바라게 할 뿐이죠.

영구적인 만족감은 내 안에서 균형을 찾고, 두려움, 걱정, 시기, 분노, 버거움, 탐욕 등과 같은 부정적인 감정으로부터 자유로워질 때 비로소 얻을 수 있어요. 이런 부정적인 감정들은 특정한 생각이나 소망을 품고 있을 때만 생겨납니다. 외부적인 요소를 탐닉하고 끈질기게 추구하고 갈망하면 괴로워지죠. 이런 것들에 대한 내적인 구속과 집착을 끊어내야만 훨씬 편안하고 차분해집니다. 그건 나의 소망과 목표 그리고 그것을 성취하기를 포기한다는 게 아니라 압박을 벗어던지고 평안과 안녕을 회복해나간다는 걸 의미해요.

내담자 그런 생각으로 분노를 줄일 수 있단 말씀이세요?

디오티마 네, 확실히요. 분노라는 건 기대가 꺾였을 때, 희망이 부서졌을 때, 기회를 놓쳤을 때 생겨납니다. 그럴 때 화가 난다고 말하게 되죠. 하지만 그건 내가 내 무덤을 파는 꼴이에요. 애초에 높은 기대, 과장된 희망, 끈질긴 노력, 목표에 대한 완고한 집착이 있었으니 상황이 예상과 다르게 흘러가면 분노할 수밖에 없죠. 하지만 목표보다는 목표로 향하는 과정을 더 중요하게 여긴다면, 현재의 내 마음과 지금 여기에서의 삶이 더 중요하다는 걸 깨달으면, 긴장을 풀고 평온한 상태를 유지할 수 있습니다.

자신의 목표와 소망에 눈이 멀어 미래에서만 살아가는 사람이 너무나 많습니다. 현재를 살아가지 못하는 거죠. 하지만 우리는 현재에 살고 있어요. 과거는 흘러갔고 미래는 아직 오지 않았죠. 지금을 놓친다는 건 곧 인생을 놓치는 거나 다름없어요. 어려울 게 없어요. 현재를 산다는 건 나와 내 주변에서 무슨 일이 일어나고 있는지, 어떤 감정과 기분이 나를 이끄는지 등에 민감하게 깨어 있는 상태를 뜻합니다.

물리적으로도 우린 지금 여기에 살고 있잖아요. 과거와 미래는 실제가 아니라 현재와 동반하는 의식 속의 시간입니다. 과거와 미래부터 생각하느라 지금 이 순간의 경험을 숨기거나 놓치거나 왜곡해서는 안 돼요. 성공적인 삶은 지금 이 순간의 삶의 질과 견고함 그리고 지금 이 순간을 충족하는 데 달려 있으니까요.

마치 숭고한 산 하나처럼 평온함의 기운을 발산하는 영적인 스승을 만난 적이 있어요. 그분께 평온해지려면 어떻게 해야 하는지 물었습니다. 그는 이렇게 대답했어요. '앉아 있을 땐 앉아 있기만 하고, 이동할 때는 이동만 하고, 씻을 땐 씻기만 하고, 먹을 땐 먹기만 하고, 명상할 땐 명상만 한다네.'

그 후로 저는 지금 제가 하고 있는 활동에만 몰두합니다. 정신을 집중하고 모든 의식을 한곳에 모아 한 번에 한 가지만 합니다. 다른 어떤 의도나 목적이 끼어들 틈 없이, 오로지 지금 하는 일에 집중하려고 노력한 거죠. 이제는 훈련이 많이 돼서 설거지를 하면서도 명상을 하기에 이르렀어요.

이걸 내면화하면 나의 확고한 태도가 됩니다. 언제 어떻게 우리의 외부적인 목표와 소망을 달성하는지는 중요하지 않아지죠. 행복을 내일로 미루지 않고 지금 내가 하는 일에서 모든 행복을 느끼는 겁니다. 그러면 미래에 대한 걱정과 압박의 무게를 덜어낼 수 있습니다. 물론 여전히 목표를 이루기 위해 최선은 다하지만, 달성해도 행복하고 실패해도 행복하니 좋은 정신을 유지할 수 있는 거죠. 과정 자체가 중요해지니 결과에 따라 분노하고 좌절할 이유가 없어집니다.

우리는 하나를 성취하면 다른 하나는 성취하지 못합니다. 이게 바로 인생이 흘러가는 방식이에요. 그렇지 않은 인생은 없답니다. 종종 예상치 못한 일이 생기고 예상치 못한 기쁨이 다가오죠. 소망할 수조차 없던 일이 현실이 될 때도 있습니다. **오는 것은 받아들이고, 나에게 오지 않는 것은 포기하고, 실패한 일은 태연히 떠나보내야 합니다.** 그러면 분노와 좌절을 느낄 새가 없죠.

저는 분노와 좌절을 느낀 지가 꽤 오래되었어요. 이렇게 마음이 편한데 그 감정들이 그리울 리가 있나요. 자칫 분노나 좌절이 생기려고 하면 슬픈 운명을 비관하는 대신에 나 자신을 돌아봅니다. 내가 의식하거나 의식하지 않은 어떤 소망에 너무 강하게 집착하고 있었음을 인지하고는 팽팽하게 매여 있던 마음을 느슨하게 만들죠. 그리고 나의 행복은 결코 내가 소망하는 목표의 성취에 달린 게 아니라고 되뇝니다. 이걸 반복하다 보면 현재에 충실해지고 지금 누리고 있는 것에 감사한 마음이 생겨요. 과정 자체로 이미 즐거우니 좌절할 일이 없는 거죠.

내담자 어떻게 그런 태도를 지닐 수 있죠?

디오티마 내적인 변화에 이르는 방법은 하나밖에 없어요. 연습, 오직 연습뿐입니다. 생각, 행동, 말, 판단, 의지, 감정까지 빠짐없이 연습해야 해요. 우리가 이야기 나누었던 가장 중요한 교훈을 생각하세요. 아침마다 침대에서 일어나기 전에, 밤마다 침대에 눕기 전에 매일이요. 다만 본인 스스로 납득한 상태일 때만 해야 합니다. 자기기만을 해서는 효과가 없어요. 스스로 설득이 되어야 하는 거죠. 이해되지 않거나 궁금한 게 있다면 다시 저를 찾아와서 얘기하세요. 당신이 옳고 제 생각이 틀릴 때도 있을 테니까요. 그리고 지금 제가 지니고 있는 지식과 신념의 토대가 된 철학을 저와 함께 짚어보는 겁니다.

이런 변화는 당신이 새로운 삶에 확고한 내적 신념을 구축하는 데 반석이 되어줄 거예요. 그러니 자기암시로 끝나는 게 아니라 명확한 철학적 의식을 가지고 있어야 합니다. 삶의 질문에는 영원하고 절대적인 진리라든가 무조건적인 해결책이 없기 때문에 우리는 매일 스스로 행동하고 결정을 내려야 합니다. 각자가 가지고 있는 신념과 통찰을 따라 살아야 하죠. 어쩌면 직감이라고 느낄 수도 있지만, 그런 직감마저도 지혜의 일부예요. 삶의 경험과 오랜 연습으로 민감해지는 감각인 거죠. 직감이란 단어를 듣고 저마다 떠올리는 바가 다양할 겁니다. 물론 통제되지 않은 본능과 욕구, 검증되지 않은 선입견 등을 떠올리는 사람이 많지, 지혜를 떠올리는 사람은 많진 않을 거예요. 많은 사람이 자연적 본능이나 직감 등에 관해서 잘못 이해하고 있죠.

한 번에 너무 오랫동안 골몰하지 말고 하루에 여러 번 꾸준히 생각하는 시간을 가지면서 조금씩 시간을 늘리세요. 분노가 일어날 때마다 우리가 방금 이야기한 것들이 즉각 머리에 떠오르고, 분노와 좌절을 가라앉혀 주는 생각이 자연스럽게 떠오를 때까지, 궁극적으로는 그런 부정적인 감정이 일어나지 않을 때까지 부지런히 연습하세요.

그런 생각을 익히고 나면 행동에 적용하세요. 당신이 추구하는 목표나 시작하려는 계획을 앞두고 이렇게 말해보세요. '그사이에 별일이 일어나지 않는다면.' '생각대로 되지 않더라도, 다른 걸 하면 돼.' '그대로도 좋아. 뭘 하려고 하지 않을 거야. 있는 그대로 즐기겠어.' 물론 과정에서 최선은 다하되 결과에는 집착하지 말고 여유를 가지는 겁니다.

저는 이 깨달음을 얻고 마음과 태도를 바꾸자 정말 놀랍게도 전보다 더 많은 걸 이루게 되었어요. 결과에 집착하던 때보다 더 많은 목표를 달성하게 된 거예요. 우리는 목표를 달성하기 위해 자신의 모든 의지와 에너지를 쏟아야만 한다고 생각합니다. 다시 말해, 하얗게 불태워 내가 할 수 있는 것의 100% 이상을 해야만 성공할 수 있다고 생각해요. 하지만 인생은 그렇게 흘러가지 않습니다. 저는 차분함과 신중함 그리고 마음의 평온 속에서 더 많은 에너지가 자연스럽게 흘러나오는 경험을 했답니다.

이유는 간단해요. 너무 크고 야심 찬 태도는 오히려 걱정과 두려움, 분노, 좌절, 스트레스, 불안정, 과한 부담감을 불러일으키기 때문이에요. 이런 부정적인 감정이 내면의 에너지를 고갈시키고 힘을 빠지게 하는 거죠. 야심 차게 목표를 향해 돌진하는 사람이 처음에는 더 빠르게 성공하는 듯 보이지만, 장기전으로 가면 침착하고 지속적이고 자기다운 힘으로 묵묵히 나아가는 사람이 훨씬 더 성공적입니다. 결국 승리의 깃발을 꽂는 건 한 곳만 보는 경직된 태도가 아니라, 유연함이에요. 목표를 향해 달려가는 길에서 마음의 평온과 내면의 균형을 누리는 사람만이 실제로 그 목표에 도달할 수 있습니다.

인생은 마라톤입니다. 목표물을 향해 처음부터 너무 빨리 달리는 사람은 완주하기 힘들죠. 고대 그리스 역사상 처음 열린 마라톤 대회에서 한 주자가 목표 지점을 통과하자마자 그 자리에 쓰러져 죽었어요. 영원한 명성을 얻었지만, 목숨을 잃었습니다.

평소에 말하는 방식에도 주목하세요. 말은 생각과 태도에 영향을 미치니까요. 갈망하는 목표를 달성하는 게 얼마나 중요한지 나 자신과 타인에게 수시로 이야기하면 마음은 더 괴로워지고 압박이 커집니다. 그보다는 이렇게 말해보세요. '한번 해보기는 할 거야, 되는지 보자. 혹시 안 된다고 해도 인생은 계속돼. 그리고 나중에 언젠가 다시 한번 도전할 거고 그러지 않더라도 완전히 다른 방식으로 시도해볼 거야. 기어이 안 된다면 그럴 만한 이유가 있는 거겠지.'

그런 생각을 스스로 말로 내뱉고 다른 사람을 향해서도 똑같이 말한다면 자기 생각도 그렇게 바뀌고 시간이 흐르면서 태도도 변할 겁니다. **존재의 가벼움을 느끼세요. 외부 대상과의 관계에서 발생하는 의미의 무게만 줄여도 내면의 평온과 태연함을 갖추는 데 도움이 된답니다.**

지금 당장 우선순위를 바꾸세요. 과정이 목표보다, 현재가 미래보다, 나에게 지금 있는 것이 없는 것보다, 이미 이룬 것이 갈망하는 것보다, 지금 이 순간의 삶이 아직 오지 않은 삶보다 더 가치 있습니다. 내면의 가치가 외적인 소유물보다 더 중요하고, 나의 자존감이 사회적 지위보다 더 중요합니다. 이런 생각을 몇 번이고 반복하세요.

겸손과 감사를 실천하세요. 오랫동안 찾거나 노력하지 않아도 일상에서 많은 것에 기쁨을 느끼게 될 겁니다. 이 모든 걸 연습하고 또 연습하세요. 저 또는 친한 친구와 계속 이야기하고, 제가 추천하는 고대 현자들의 책을 읽으면 아마 많이 바뀔 거예요. 시간이 지나면서 분노, 실망, 좌절과 같은 감정은 점점 줄다가 결국은 완전히 사라질 겁니다.

* * *

내가 듣기에도 꽤 긴 듯했던 이 설교가 끝이 났는데도 남자는 말이 없었다. 긴 침묵이 이어졌다. 아마 생각에 잠겼을 테다. 그런 다음 그는 일어나서 고맙다고 말하고 문을 나섰다. 이후로도 꽤 오랫동안 정기적으로 디오티마를 찾아왔고 내가 보기엔 진전이 있는 듯했다. 물론 그가 정말로 더 이상 화를 내지 않는지, 위궤양은 괜찮아졌는지는 모르겠다. 그랬을 것 같다. 올 때마다 기분이 나아지는 듯했기 때문이다. 물론 그사이에 좌절이나 의심이나 반박도 있었지만, 언제나 디오티마는 충분히 이해해주고서는 남자가 받아들일 만한 이야기를 해주었다. 그는 점점 설득되었고 표정도 눈에 띄게 밝아졌다.

　남자와의 면담은 사실 나에게도 큰 도움이 되었다. 나도 내 담자만큼이나 쉽게 화가 났기 때문이다. 면담이 반복될수록 나 또한 이전보다 훨씬 더 마음이 편안해지고 화가 나거나 좌절하는 일이 줄었음을 깨달았다. 나도 디오티마에게 면담 비용을 지불해야 했나? 이들의 면담에서 기억에 남았던 격언들을 소개해보겠다.

"사실이 인간을 평안하게 하지 않는다.
사실에 대한 생각이 인간을 평안하게 한다."

에픽테토스

"공자는 포로로 잡혀서도 노래를 부르고 악기를 연주했다.
성공과 실패가 운명과 시간에 달려 있다는 걸 알고
최악의 곤경 속에서도 겁먹지 않는 이가
바로 성인의 용기를 가진 사람이다."

장자

"현명하고 행복한 사람은 자기 안의 분노를 극복할 줄 아는 사람이다."

『바가바드기타』

"아름다운 여성과 결혼한 남자가 과연 인생에서 기쁨을 더 맛볼지,
고통을 더 맛볼지는 아무도 모른다."

소크라테스

"싹을 틔우고 성장하지만 결코 꽃을 피우지 못하는 사람도 있다.
꽃을 피우더라도 결코 열매를 맺지 못하는 사람도 있다."

공자

"인간은 계획을 성공시킬 수 없다.
생명을 주관하는 자의 계획은 다르기 때문이다."

고대 이집트 격언

"행복하든 불행하든 흔들리지 말라."

『바가바드기타』

"자기 자신을 바르게 세우는 것이 먼저다.
외부에서 오는 것은 일시적인 우연에 불과하니."

장자

"자기다움을 갖추는 것이 불확실한 운명을 대하는 최선의 방법이다."

야마모토 쓰네토모

"고귀한 사람들은 불행에 미리 대비한다."

『주역』

11

무너진 정신을
일으켜 세우는 법

"마음이 아플 정도로
걱정에 빠지지 말라.
마음이 주인을 너무 걱정하게 될 때,
그때 병에 걸리는 것이다."

— 고대 이집트 격언

❖ 마흔 정도 되어 보이는 여자가 찾아왔다. 중단발 금발에 우아한 옷차림, 매력적이고 자신감 넘치는 사람이었다. 적어도 겉으로는 그랬다. 하지만 그건 직업 특성상 몇 년에 걸쳐 만들어진 겉모습일 뿐이고 내면은 완전히 다른 상태라는 걸 금세 알 수 있었다.

그녀는 국내와 해외에 수많은 지사를 둔 아주 유명한 로펌의 변호사였다. 본사는 뉴욕에 있고 그 밖에 해외 지사에서 진행하는 모든 일 역시 본사에서 결정하는 구조였으니 매우 미국적인 회사라고 할 수 있다. 그녀의 말에 따르면 성과 평가가 수시로 이루어지고 실적 압박이 매우 높으며, 효율, 실적, 수익을 지속적으로 높이기 위해 상당히 노력해야 한다고 했다. 주당 60~70시간 밑으로 일하는 변호사가 없을 정도다. 피로를 회복할 시간도 턱없이 부족하고, 휴가도 길게 쓸 수 없다.

그런 점은 별로 신경 쓰지 않았다. 이 로펌에서 파트너 변호사가 되고 싶기 때문이다. 그 말인즉슨 최소한 앞으로도 몇 년은 더 지금보다 많은 스트레스를 받으며 파트너 변호사들이 내는 성과만큼의 결과를 내야 하고, 이후로도 새로운 일을 따내고 높은 실적을 올려야 한다는 뜻이었다. 그녀는 그 모든 걸 다 해내고 싶어 했다. 일을 진심으로 즐기기도 했다. 갈수록 로펌의 명성과 그녀의 사회적 지위도 높아졌고, 그런 성장이 그녀에게도 원동력이 되어줬다. 그녀는 일단 파트너 변호사가 되고 나서 똘똘한 부하 직원을 데리고 일할 수 있게 되면 그때 한숨 돌리자고 생각했다. 계획은 그랬다.

하지만 하루아침에 모든 게 멈췄다. 6개월 전부터 손에 서류 파일 하나 쥐는 것조차 힘들어졌다. 번아웃이 온 것이다. 갑작스럽게 벌어진 일이었다. 몸이 완전히 고장 나 움직이지 않았다. 법률 자문을 명확히 제시하는 것도 불가능해졌고, 말하는 것도 어렵고, 문서 작성도 제대로 하지 못했다. 충격을 받을 수밖에 없었다. 최근 2주 동안 조금은 나아졌지만, 여전히 일하기엔 역부족이었다. 번아웃이 온 이후부터 치료를 받고 있었는데, 심리 치료사가 그녀에게 디오티마를 찾아가 보라고 권했다. **심리 치료사는 그녀에게 번아웃이 온 원인이 마음에 있다고 판단했고, 태도, 가치관, 세계관과도 관련 있어 보여 어쩌**

면 철학적인 대화가 도움이 될 거라고 말했다. 그러고 보니 그 심리 치료사는 이 내담자 외에도 디오티마에게 몇 명을 더 보낸 적이 있었다. 디오티마와의 면담과 심리 치료를 병행하는 게 큰 도움이 될 때가 많았다는 이야기도 들었다.

＊　＊　＊

디오티마　심리 치료사가 너무 큰 희망을 주지 않았기를 바랍니다. 전 기적을 일으킬 순 없거든요. 제가 가지고 있는 철학의 실천적 가르침이 마음을 치유하는 데 도움이 될 순 있지만, 그렇다고 당신을 직접 치료해줄 수는 없어요. 의사는 본인이에요. 저는 자기 자신을 스스로 치유하는 과정을 곁에서 도울 뿐입니다. 우선 제 조언에 따라 반복해서 부지런하게 연습하기를 권합니다. 장기적으로 건강을 회복하고 이런 번아웃을 반복하지 않으려면 마음을 단련해야 합니다. 단순히 제 말을 이해하는 것만으로는 부족해요. 그건 '내 고통의 원인이 이거구나' 하고 재인식하는 수준에 지나지 않으니까요. 물론 인식이 앞서야 치유도 할 수 있긴 하죠. 궁극적인 치유란 그 원인을 제거하는 것이기도 하고요.

대부분의 원인은 특정한 사고 습관, 행동 습관, 판단 습관에 있습니다. 즉, 다시 생각하고, 바꾸고, 새롭게 프로그래밍해야 합니다. 하룻밤 새 할 수 있는 일은 아니죠. 이전과는 완전히 다른 아이디어, 관점, 가치를 의식 속에 자리 잡게 하려면 거듭 연습해야 합니다. 변호사라는 직업인으로서 수년간 일하면서 당신의 생각에도 고정된 패턴이 만들어졌을 겁니다. 분리하고 재정립하는 과정이 필요한 거죠. 그 전에 구체적으로 한번 짚어봅시다. 먼저 본인이 생각하기에 번아웃의 원인이 무엇인 것 같나요?

내담자 너무 열심히 일해서겠죠. 그건 인정해요.

디오티마 그건 일부에 불과해요. 더 정확히 분석해봅시다. 당신보다 더 많이 일하면서도 번아웃을 겪지 않는 사람도 있으니까요. 그저 너무 오랜 시간 동안 일해서일까요, 아니면 다른 이유가 있을까요? 피곤하고 고갈된 느낌만 있나요, 아니면 다른 느낌도 있나요?

내담자 모든 직원이 엄청난 압박감을 느끼며 일해요. 기대치자체가 높은 편이죠. 저녁 여덟 시 전에 퇴근하는 사람이 한 명도 없어요. 분명 바람직한 상황은 아니에요.

디오티마 변호사들 간에 경쟁도 있나요?

내담자 파트너 변호사가 되려는 사람들끼리는 장난이 아니죠. 문제는 대부분, 아니 거의 모든 사람이 파트너 변호사가 되고 싶어 한다는 거고요.

디오티마   파트너 변호사가 부러운가요?

내 담 자   네. 같이 경쟁하다가 파트너 변호사가 된 사람들을 보면 그들이 이루어내는 성공과 새롭게 맡게 된 업무가 부럽죠. 파트너 변호사가 되는 건 어려운 일이에요. 기준도 엄격하고, 요구 사항도 많고, 실적도 매우 좋아야 합니다. 다른 사람들도 다들 파트너 변호사를 부러워하죠.

디오티마   가정은 있으세요?

내 담 자   아니요. 만나는 사람은 있습니다.

디오티마   연인과의 관계는 만족스러운지 여쭤봐도 될까요?

내 담 자   아주 그렇다고 할 순 없지만, 네, 뭐 그런 편이에요. 그렇게 자주 보진 않고, 같이 보내는 시간이 길지도 않긴 하네요. 그 사람도 자기 직장에서 스트레스를 많이 받아요. 그래도 저희 사이에 딱히 마찰이 있는 건 아니에요. 서로 되도록 다투지 말자고 다짐했고 그게 잘 유지되고 있어요.

디오티마   잠은 잘 주무세요?

내 담 자   대충요. 하지만 사건이나 중요한 업무가 있는 날은 잠들기 직전까지 일만 해야 해서 자고 일어나도 쉬었다는 느낌이 들진 않아요. 저녁마다 운동을 해서 몸을 피곤하게 만들면 수면에 도움은 좀 되더라고요.

디오티마 일을 그렇게 열심히 하는 이유가 있을까요?

내 담 자 말씀드렸잖아요, 전 제 일이 좋고, 무엇보다 파트너 변호사가 되고 싶어요.

디오티마 왜 파트너 변호사가 되고 싶으세요?

내 담 자 일단 임금이 꽤 오르고요. 독자적으로 업무를 진행할 수도 있고, 업무를 맡길 직원도 제 밑에 생겨요. 회사 안팎에서 사회적 지위가 달라진다는 점도 무시할 수 없죠. 유명한 대형 로펌의 파트너 변호사가 된다는 건 대단한 일이니까요.

디오티마 그게 당신에게 뭐가 좋은가요? 높은 사회적 지위가 당신에게 주는 게 뭔가요?

내 담 자 인정과 존경인 것 같아요.

디오티마 그럼 인정과 존경이 당신에게 주는 건 뭔가요?

내담자 뭐, 기분이 좋겠죠.

디오티마 다른 사람들의 목표도 당신이 말한 목표와 비슷하지 않을까요? 그리고 우리가 행하는 것들 역시 결국 기분 좋고 만족스러운 삶을 위한 것일 테고요. 더는 나에게 지시하는 상사 없이 내 힘으로 업무를 이끌고, 내가 가르치고 나를 서포트 해주며 함께 일하는 부하 직원이 있으면 확실히 삶의 만족도도 높아지겠지요. 수입이 늘면 고급 자동차와 요트도 사고, 잔디 깔린 멋진 집에서 살 수도 있고, 정신없는 일상과 직장 스트레스에서 벗어나 일 년에 두 번쯤은 좋은 호텔에서 휴가도 보내겠죠. 높은 삶의 질과 편안한 삶을 보장받을 수 있는 거예요. 맞나요?

내담자 그렇습니다.

디오티마 그러면 우리가 노력하는 모든 게, 궁극적으로는 기분이 좋고, 기쁨이 충만하고, 직장에서든 개인 생활에서든 인생의 모든 부분에서 만족감을 느끼기 위한 것 아닐까요?

내담자 네, 그렇게 볼 수 있겠죠.

디오티마 당신은 직업적 야망을 실현하기 위해 오랫동안 많은 투자를 했어요. 대학 입학시험에서 좋은 성적을 거두고, 좋은 대학을 나오고, 도전적이고 바쁜 국제 대형 로펌에 취직해 지금은 또 새로운 꿈을 향해 달려가고 있죠. 20년이 넘도록 수많은 노력을 기울였고, 많은 어려움을 극복하고 산을 넘었습니다. 하지만 최근에는 번아웃, 소진, 좌절을 느끼고 있잖아요.

내담자 하지만 몸만 다시 건강해지면 모든 게 원래대로 돌아갈 거예요. 로펌에서도 저에게 그만두라고 하지 않고 회복해서 복귀하기를 기다려주고 있으니까요.

디오티마 말씀하신 대로 몸이 다시 건강해지고, 언젠가 로펌에서도 당신을 파트너 변호사로 승진시켜준다고 합시다. 그날이 오면 압박감이 없어질까요? 로펌의 파트너 변호사들을 보면 그들이 만족스럽고 행복한 삶을 살고 있나요? 스트레스가 없어졌다고 하던가요? 저도 변호사로 일을 한 적이 있습니다만, 파트너 변호사들이 행복하게 살고 있다는 느낌은 들지 않았거든요. 매일 무언가에 쫓기는 듯한 느낌이었습니다. 물론 일을 즐기는 것처럼 보이기도 했지만, 일반 변호사들보다 훨씬 더 많은 성과 압력을 받는 것 같더라고요. 많은 분이 잘살아보겠다는 일념 하나로 퇴직하는 그날까지 몸이 부서지도록 열심히 일만 하더군요.

실적과 이익 분배에 관한 테이블에서는 충돌도 많고 의심스러운 수단과 음모도 있는 듯했습니다. 아슬아슬한 줄다리기가 이어져 긴장이 넘쳤지요. **그들은 늘 하고 싶다던 일을 뒤로**

미뤄두었습니다. 저는 그걸 보면서 그들이 인생을 미루고 있다는 생각이 들었습니다. 그들이 로펌을 떠나고 난 후에 어떻게 지내는지는 저도 확인할 길이 없죠. 대부분은 자문 활동을 이어가는 듯했어요. 일부는 갑자기 생긴 자유 시간을 어떻게 써야 할지 몰라 다른 활동을 시작하기도 했죠.

내담자 　다들 그런 건 아니잖아요. 안 그런 사람도 많아요. 각자의 선택이 다를 수 있죠.

디오티마 　맞습니다. 언젠가 절 찾아온 한 남자의 이야기인데요, 남자에게는 친한 친구 네 명으로 구성된 모임이 있다고 했어요. 넷은 정기적으로 만났어요. 다들 공무원으로 일했고 매우 존경받는 위치까지 올라갔습니다. 네 사람은 만날 때마다 은퇴 후에 시간을 어떻게 보낼지 이야기하며 그날이 어서 오기를 고대하면서 큰 계획을 세웠다고 했죠. 그런데 네 명 가운데 무려 세 명이 은퇴한 그해에 세상을 떠났습니다. 유일하게 남은 한 명이 절 찾아온 것이었어요. 우연에 불과한 안타까운 이야기일까요? 그는 황망함에 갈피를 잡지 못했습니다. 곰곰이 생각해볼 만한 일이었어요.

내담자 　무슨 말씀이 하고 싶으신 거예요? 전 파트너 변호사가 되는 게 늘 제가 바라보고 노력할 만한 목표라고 생각했단 말이에요. 전 제 직업이 좋고, 더 성장하고 싶고, 성공적으로 해내고 싶어요. 그보다 더 저를 매혹하는 일은 없다고요.

디오티마 그거야 모든 사람이 그렇죠. 하지만 그 목표를 추구하느라 너무 큰 대가를 치르면 어떡해요. 신체적으로나 정신적으로나 건강을 심하게 해친다면요? 또 자기다움에서 멀어질 수도 있어요. 인간은 근본적인 욕구를 빠짐없이 충족할 때만 진정한 만족을 느끼며 살 수 있죠. 실제적인 안정감도 그런 데서 오고요.

사람의 마음은 머리가 여러 개 달린 거대한 괴물과도 같아요. 머리마다 각각의 요구, 본능, 소망을 가지고 있는데, 서로 다른 머리를 누르고 자신이 유일한 머리가 되려고 하는 괴물이죠. 그러다 진짜 머리 하나만이 남아 유일한 머리가 되면 순간 우리의 눈은 멀어버리고 맙니다. **한 가지 욕구만 좇느라 다른 모든 걸 억압하고 결국 삶의 균형을 잃습니다. 심하면 인격이 분열하고 내면이 조화를 이루지 못한 상태로 살게 되죠.**

우리의 몸은 각 기관이 제 역할을 하고, 기능이 떨어지거나 과도해지지 않고, 신체적 순환이 조화롭게 이뤄질 때 건강해집니다. 반면 자연의 이치대로 호르몬 시스템, 신경 시스템, 면역 시스템의 네트워크가 서로 잘 교류하거나 반응하지 못하면 병에 걸리죠.

마음도 다르지 않습니다. 본질적인 것을 억누르거나 다른 것을 과도하게 부풀리면 정신적 균형이 깨집니다. 또 자기 파괴적인 힘을 억제하지 못하고 타고난 재능과 기질을 개발하지 않아 내 안의 다양한 요구를 충족하지 못하면 긴장, 갈등, 손상 등이 일어납니다. 정신적 힘이 조화를 이루지 못해 균형과 중심을 잃는 거죠. 그게 바로 정신이 병드는 과정입니다.

분노, 흥분, 두려움, 걱정, 시기, 질투, 탐욕, 오만, 억제되지 않은 열정 등은 불균형한 마음 상태를 적나라하게 보여주는 증상이에요. 그런 감정을 갖고 살아가는 사람들은 행복하지 않습니다. 이 상태가 오래 이어지면 신체의 병으로도 나타나죠. 강한 스트레스, 정서적 불안 등으로 생기는 병입니다.

내담자 미리 예방할 수 있나요? 제 마음이 균형을 이루었는지는 어떻게 알 수 있죠?

디오티마 하나 확실한 건 당신이 지금까지 살아온 방식은 위험하다는 겁니다. 한 가지 가치에만 매몰되어 있고 균형과 이완이 적어서 에너지를 모조리 소진하게 하는 방식이니까요. 뭐든 과하면 모자람만 못한 거예요. 명예욕과 야망 자체가 나쁜 건 아니죠. 다들 살면서 자기 자신을 발견하고, 재능을 발휘하고, 세상에 흔적을 남기고 싶어 해요. 사람에게 인생을 살아갈 힘을 주는 자아존중감 같은 것도 이런 데서 나옵니다. 내가 살아온 지난날이 나에게 보상이 되어 돌아오는 거지요.

하지만 그게 적정선을 넘어버리면 고통스러워지고 갈수록 상태가 나빠지면서 결국 병에 걸리게 되는 겁니다. 그러니 일을 줄이고 휴식을 좀 취하시면 좋겠어요. 쉬기가 어려우면 다른 로펌으로 이직하는 것도 좋고요. 자신을 너무 압박하지 마세요. 그러면 결국 어떻게 되는지 지금 몸소 겪고 계시잖아요.

내담자 주변 사람들이 저에게 기대하는 바도 큰데, 어떻게 그래요.

디오티마 기대가 커도 흔들리지 마세요. 속으로 이렇게 되뇌세요. '다른 사람들이 내게 뭘 원하든 신경 쓰지 않겠어. 나에게 맞는 올바른 길을 찾고 그 안에서 직업적 성취의 기준을 다시 세울 거야. 내 건강이 제일 중요해. 최선을 다하겠지만, 몸과 마음이 내 통제를 벗어날 정도까지 몰아붙이지는 않을 거야.'
모든 외부적, 내부적 저항에 맞서 몸과 마음을 회복하는 데 필요한 시간을 확보하세요. 그리고 가족과 연인, 친구들과 더 많은 시간을 보내거나, 취미 생활과 여행, 운동처럼 일 말고 다른 걸 하는데도 충분한 시간을 보내세요. 직업에 부여한 가치를 조금 덜어내고, 그만큼을 건강, 행복, 만족감과 같은 지극히 개인적인 가치에 더하세요. 행복을 직업적 목표에서만 찾지 말라는 뜻입니다. 일에서만 찾으면 너무 힘들어져요. 직업적 목표 하나만 달성한다고 해서 인생 전체가 더 행복해지는 건 아니니까요. 목표로 향하는 여정 자체에서 기쁨을 느껴야 해요. 당신만의 적정선을 찾고 그걸 지키려고 해보세요. 그러면 하루하루 일하는 게 훨씬 더 즐거워질 거예요.
자기 자신에게 이렇게 말해보는 것도 도움이 될 거예요.

'나에겐 직업적 목표가 있고, 그걸 달성하기 위해 최선을 다할 거야. 하지만 이 목표가 내 인생에서 제일 중요한 건 아니야. 오히려 이 목표의 실현 여부와는 상관없이 일하는 과정 자체에서 만족을 얻는 게 더 중요해.'

내 담 자 적정선이라는 건 어떻게 찾죠?

디오티마 여러 가지를 시도하고 자기 자신을 들여다보면 찾을 수 있어요. 사소한 것뿐만 아니라 전반적으로 바꿔나가야 해요. 자신을 잘 관찰하고, 내면의 목소리에 귀를 기울이고, 자기다움을 찾아 나가는 느낌이 드는지 아니면 나답게 살지 못하고 있는지 점검해보세요. 중심에 서 있는지 아니면 중심을 잃은 상태인지, 또 내가 아닌 나로 살고 있지는 않은지 확인하는 겁니다. 삶의 활력이 늘어나는지 줄어드는지도 살펴보고, 기분이 좋은지 아니면 우울할 때가 더 많은지도 자기 자신에게 물어보세요. 매일 새로운 삶을 사는 것 같은 느낌이 드는지 아니면 다람쥐 쳇바퀴 도는 느낌이 드는지도 생각해보세요. 연인과 친구들에게 당신을 어떻게 생각하는지, 당신에게서 변화가 느껴지는지도 종종 물어보고요.

내 담 자 제가 몸담은 로펌에서도 태평하게 이런 생각을 하면서 지낼 수 있을지 의문이네요. 워낙에 모든 게 철저하고 엄격하게 돌아가는 곳이라서요.

디오티마   그럼 그 로펌을 떠나세요. 편안함을 느끼지 못하고 뭔가 바꿀 수도 없는 채로 병만 깊어간다면 떠나셔야죠. 당신에게 유익하고, 당신을 성장시키고, 당신을 번성하게 하는 환경에서 일하는 게 가장 중요해요. 소진되고 시드는 느낌을 주는 곳은 하루라도 빨리 벗어나야 합니다. 좋은 교육도 받았으니 지금보다 나은 환경을 제공하는 다른 직장도 금방 찾을 수 있을 거예요.

내 담 자   그보단 그냥 일을 줄이면 균형은 저절로 따라오지 않을까요?

디오티마   절대 아니에요. 사람은 저마다 다 다르죠. 각자의 관심사, 재능, 능력, 욕구, 정신적인 힘도 다 달라요. 자신의 정신력이 균형 잡혀 있는지, 적정한 욕구를 추구하고 살고 있는지는 자신만이 알 수 있어요. 다양한 방법을 시도해보고 그때마다 어떤 느낌이 드는지 잘 관찰하세요. 즐거움과 고통이 나침반이에요. 잘 생활하고 균형 잡힌 마음의 정원을 가꾸는 것은 수학이 아니라 예술의 영역입니다. 지성과 감성도 필요하고, 이성과 통찰과 직관도 필요하죠.
　　고대 올림픽에서 가장 중요한 종목은 전차 경주였어요. 마치 우리네 삶과 비슷하죠. 나는 나의 정신과 인생을 이끄는 전차 조종자예요. 말은 의식과 무의식을 합친 정신력이고, 고삐는 자제력이자 자기통제력이며, 전차 조종자는 이성과 지적 능력이죠. 여기서도 자기 자신을 아는 게 중요해요. 말의 성격과 기질, 즉 나의 정신력을 명확히 파악하는 거죠. 나는 누구인가? 무엇이 나를 긍정적으로 혹은 부정적으로 만드는가? 내가 가장 원하는 것은 무엇인가? 원하는 것들 사이의 관계나 우선순위는 어떠한가?

말을 제대로 파악하면 그 말을 어떻게 다루고 조종해야 하는지, 어떻게 달리게 하고 고삐를 틀어쥐어야 하는지도 잘 알게 되죠. 마음의 전차, 즉 나의 인생을 제어하고 추구하는 목표를 향해 방향을 잡을 수 있는 겁니다. 목적지에 도착하는 것뿐 아니라 과정 자체가 즐겁고 만족스럽다고 한다면 훌륭한 전차 조종자라고 볼 수 있죠. 스스로 결정하는 삶, 나에게 유익하고 나를 행복하게 만드는 삶을 꾸려나가는 겁니다. 모든 건 내가 내 말을 얼마나 잘 아는지, 얼마나 그 말을 잘 다루고 돌보는지에 달려 있습니다.

내담자 구체적으로 어떻게 하는 겁니까? 아직 이해가 잘 안 되네요.

디오티마 어렵진 않아요. 일하는 시간부터 줄이세요. 연인이나 친구들과 시간을 더 보내고 취미 활동을 시작하세요. 주기적으로 명상하는 시간을 갖고 호흡 훈련도 하고 좋은 철학책도 읽으세요. 그리고 당신 인생에서 정말로 중요한 게 뭔지, 정말 노력할 만한 가치가 있는 것이 뭔지 더 면밀히 알아보세요. 자연

속으로 들어가 보는 것도 좋고 가능한 한 자주 여행을 떠나보는 것도 좋아요. 멀리 갈 필요는 없고 당일치기로 갈 수 있는 가까운 국립공원이나 고아한 유적지에 가보세요. 그런 활동이 긴장을 풀어주고, 좋은 영향을 주고, 휴식 시간을 주고, 당신이 가고자 하는 길을 계속 가게 하는 힘을 줄 거예요.

관심이 있다면 박물관이나 미술관에도 가보세요. 좋아하는 예술 작품을 보면 이전에 하던 생각과 행동 패턴을 깨고 시야도 넓힐 수 있어요. 일기도 써보고 이런 식의 변화가 자신에게 어떤 영향을 미치고 있는지도 살펴보세요. 가장 친한 친구와 이런 내용을 주제로 대화를 나눠보고, 그들은 또 어떻게 어려움을 극복했는지 들어보세요. 원하신다면 저도 기꺼이 시간을 내어드릴게요. 이런 활동이야말로 자신이 가야 할 길과 목적을 찾고, 자기 믿음을 강화하고, 새로운 생각과 행동 패턴을 진득하게 밀고 나갈 힘을 주죠.

내 담 자   그 목적이 뭔가요?

디오티마   **자신의 직감만으로도 올바른 결정을 내리게 되는 상태요. 그런 순간은 마음의 균형을 유지할 때 마침내 찾아올 거예요.** 연습을 더 많이 할수록 더 빨리 올 테고요. 내면의 태도, 사고 패턴, 행동, 의지, 판단이 잘 잡히면 실수하지 않고 올바른 길로 갈 수 있고, 무엇보다도 건강을 지킬 수 있습니다. 건강을 잃으면 모든 걸 잃습니다. 몸의 건강은 감정적, 정신적 상태를 반영해요. 다른 사람의 기대가 아닌, 자기 자신에게 맞는 삶을 살기 위해 최선을 다하세요.

내담자   한번 해보겠습니다.

✳   ✳   ✳

내담자는 꽤 오랫동안 우리를 찾아왔다. 1년 반에 걸쳐 3주마다 왔으니 자주 온 편이다. 두려움을 극복하고, 가치의 우선순위를 바꾸고, 과도한 야망과 인정 욕구가 어디에서 비롯하는지 되짚어 보는 열띤 토론이 줄곧 이어졌다. 점점 더 깊은 대화를 나누면서 여자의 아버지가 매우 성공적인 삶을 살았고, 성공해야 한다는 생각이 그녀의 유아기 때부터 각인되었음을 알았다. 원인이 분명해지자 여자의 상태도 훨씬 나아졌다. 삶을 대하는 태도부터 눈에 띄게 바뀌었다. 그녀가 선택하는 단어만 들어도 본인의 삶을 판단하는 가치, 본인의 생각과 의지와 행동의 방향을 설정하는 가치가 달라진 게 느껴졌다.

결국 그녀는 대형 로펌을 떠나 특정 분야만 전문적으로 취급하는 부티크 로펌으로 이직했다. 규모는 작지만 꽤 유명한 로펌이었다. 여자는 자기가 내린 결정을 후회하지 않았다. 전 직장보다 수입은 줄었지만 경쟁적인 분위기가 훨씬 덜했다. 덕분에 동료 변호사들과의 인간관계도 원만했다. 배려와 이해로 관계가 맺어지니 모든 게 전보다 더 즐거워졌다. 물론 업무

량은 여전히 많았지만, 탈진할 정도는 아닌 듯했다.

무엇보다 전 직장에서 느꼈던 실적 압박이 없었다. 아무도 그녀가 감당할 수 있는 것보다 더 많은 일을 해내기를 기대하지 않았다. 전 직장에서는 목표를 발표하고 점검하는 공식 회의가 정기적으로 열렸다. 하지만 지금 그녀가 속한 로펌의 원칙은 이거다.

'가장 성공적으로 일하는 변호사는 이 로펌에서 완전한 편안함과 안정감을 느끼고, 따라서 로펌의 목표와 자신의 인생을 동일시할 수 있는 사람이다. 우리에게는 철학이 있고 그것을 실천함으로써 성공할 수 있었다.'

나는 잘 몰랐지만, 디오티마는 로펌의 대표가 왜 그런 원칙을 세웠는지 완전히 이해한 듯했다. 그녀의 면담에서 나왔던 격언은 다음과 같다.

"무언가 이루고자 하는 자는 자신의 몸부터 돌봐야 한다."

『예기』

"몸에서 발생하는 모든 병은 과함의 결과다."

고대 이집트 격언

"중도를 유지하는 것이 최고의 지혜다.
그런데 오래전부터 이 지혜를 찾아보기가 너무 어려워졌다."

공자

"중용을 지켜라. 그 기준이 모든 것에서 최선이다."

헤시오도스

"현자는 너무 과한 것, 너무 많은 것, 너무 큰 것은 피한다."

노자

"몸을 혹사하는 자는 언젠가 고꾸라진다."

자쿠안 소타쿠

"여유든 노력이든 한계를 넘기는 사람은 병에 걸려 죽는다."

공자

"하나의 목표를 향한 맹목적인 노력은 영혼의 다른 눈을 멀게 한다."

데모크리토스

12

나를 파괴하는 슬픔은
어떻게 다뤄야 하는가?

> "불행을 견디지 못하는 것이야말로
> 가장 큰 불행이다."
> ― 보리스테네스의 비온

❖ 디오티마의 사무실에서 일하면서 만난 사람들 가운데 가장 슬픈 케이스였다. 50대 후반의 한 남자가 힘없이 사무실 문을 두드린 날이었다. 스물네 살 된 딸아이의 장례를 치르고 2년 이상 흐른 뒤였다. 딸은 아무 예고 없이 중병에 걸리더니 얼마 지나지 않아 세상을 떠났다. 그날따라 하늘은 맑았다고 했다.

아이가 늘 밝고 쾌활했다고 하니 많은 사람이 좋아했을 것 같다. 일면식도 없는 나조차도 머릿속에 참 예쁜 아이가 그려졌으니 말이다. 활발하고 지적이었던, 앞날이 창창했던 아이는 갓 대학을 졸업한 나이였다. 한 번도 아빠를 걱정시킨 적 없는 딸이었다. 늘 겸손하고 너그러웠으며 공감도 잘하고 마인드도 열려 있는 친구였다. 예쁜 얼굴에 미소를 띤 채로 친구와 가족의 말을 언제나 잘 들어주는 아이였다. 나쁜 말 한마디 한 적이 없었다. 그야말로 태어나서부터 지금까지 아빠를 행복하게만 해주던 존재였다. 아이는 자기가 곧 죽으리라는 걸 알았을 때조차도 변함없이 강인하고 용감했으며, 오히려 나서서 부모와 형제자매, 친구들을 위로하기까지 했다. 아이의 그런 모습은 주변 사람들을 더 눈물짓게 했다.

아이가 세상을 떠난 지는 2년 반 정도 되었지만, 아버지의 슬픔은 아이가 떠난 그날과 조금도 다르지 않았다. 그에게는 세상을 더 살아갈 이유가 없었다. 모든 기쁨을 다 빼앗겼다. 이제는 다 내려놓고 딸아이 곁으로 가야겠다는 생각뿐이었다. 하지만 남은 식구들 걱정이 발목을 잡는다. 이젠 정말 어떻게 해야 할지 모르겠다. 더는 견딜 힘이 없다.

* * *

디오티마 　아이가 살아생전에 자기가 떠나고 나서 아버지가 많이 힘들어할 것을 예상했나요?

내담자 　네, 저보다 더했죠. 그 아인 제가 상실감을 떨쳐내기 힘들어 하리라는 걸 알았어요. 그래서 가기 전 마지막 일주일 동안은 대화를 참 많이도 했죠. 저는 딸을 정말 많이 사랑했고, 딸도 저를 많이 사랑했어요. 아이는 당시 상황을 제가 가능한

한 잘 받아들이도록 자기가 할 수 있는 모든 걸 하려는 듯했어요. 그 애가 살아 있을 땐 저도 괜찮아질 수 있을 줄 알았죠. 하지만 진짜로 가고 나니, 빛 한 줄기도 들어오지 않는 시커멓고 깊은 구멍 속에 영원히 빠져 있는 것만 같습니다.

디오티마 아이는 분명 당신이 계속 인생을 살아가고, 슬프더라도 다시 일어나 삶의 기쁨을 찾길 바랐을 거예요. 아이가 살아생전 소망한 대로 씩씩하게 살아주셔야 하지 않겠어요?

내담자 그 생각이야 했죠. 하지만 안 되네요. 실제로도 자기가 죽더라도 살아갈 용기를 잃지 말라고 자주 당부했어요. 나중에 다음 세상에서 다시 만났을 때 자기가 없는 세상에서 얼마나 행복하고 좋은 시간을 보내다 왔는지 말해달라고까지 하면서 말이죠. (여기서 잠시 말이 끊겼다. 아마 울음이 터져 그런 듯했다.) 하지만 제 마음은 아직 우울에서 벗어나지 못했네요. 눈앞이 온통 시커먼 먹구름으로 가득합니다.

디오티마 왜 그렇게 아이의 당부를 헛되게 하세요?

내담자 헛되게 한다고요? 도대체 부모가 아이를 먼저 묻는 것보다 더 슬픈 운명이 어디 있단 말입니까?

디오티마 사람이 겪을 수 있는 최악의 일이라는 걸 저도 압니다.

운명이 당신 아이를 데려간 거죠. 하지만 그런 천사 같은 딸과 24년 동안 함께한 것도 운명이었음을 기억해야 합니다. 하루하루 선물 같은 시간이지 않았나요? 24년이면 거의 9,000일에 육박해요. 그 시간 동안 딸과 보낸 행복하고 좋았던 순간을 떠올려 보세요. 그 시간을 슬픔이 아닌 기쁨으로 다시 바라보세요. 내가 사랑하는 빛나는 내 딸과 24년 동안 함께 지낼 수 있어서 행운이었다고 생각해보세요. 그런 순간과 기억을 가지고 있는 사람이 많지는 않을 겁니다.

모든 건 언젠가 끝이 납니다. 친구나 지인에게 누군가와 이별한 적 없냐고 한번 물어보세요. 다들 있을 거예요. 그것 역시 우리 삶의 일부가 아닐까요? 슬픔은 어떻게 보면 행복을 느끼기 위한 전제 조건이기도 한, 동전의 양면과 같은 것은 아닐까요? **그래서 신이 인간을 부러워한다고도 하잖아요. 슬픔이 없이는 행복도 느낄 수 없고 모든 일이 단조롭기만 할 테니까요.** 사람이든 일이든 언젠가 왔다가 떠나가는데 우리에겐 이걸 통제할 힘이 없죠. 무작위로 흘러가고 그것이 주는 순간의 유일무이함과 연약함이 역설적으로 우리에게 행복을 느끼게 합니다. 이런 마음가짐으로 힘을 내보세요.

떠나간 자리에 새로운 것이 오고 잃는 것이 있으면 얻는 것도 있습니다. 떠나보내거나 잃는 것 없이 얻으려고만 하는 건가요? 떠난 사람과 이 세상에서 함께했던 선물 같은 시간에 대한 감사를 느끼지 못한 채 영원히 슬퍼하고 애도하기만 하는 건, 잃는 것 없이 얻기만 하는 삶을 살려고 하는 거나 마찬가지입니다.

물론 큰 슬픔을 딛고 일상으로 돌아오는 게 상상하기 어려울 만큼 힘든 일이라는 건 잘 알아요. 소중한 사람을 잃은 상실감을 극복하는 데는 아주 오랜 시간이 필요하다는 것도 알고요. 하지만 각자에게 주어진 삶이 모두 다르고, 우리는 저마다자기 삶 안에서 기쁨을 누려야 해요. 그게 우리가 인생을 대할때 가져야 할 태도입니다. 딸아이에게는 그 시간이 단 24년만주어진 거예요.

그런데 시간이란 게 과연 그렇게 중요할까요? 밥을 먹을 때도 얼마나 맛있게 잘 먹느냐가 중요하지 얼마나 많이 먹느냐가중요하진 않잖아요. 인생도 마찬가지로, 얼마나 오래 사느냐보다는 어떻게 잘 사느냐가 중요해요. 저 너머의 세상에 조금 먼저 간 딸아이가 본인의 죽음 때문에 자기 인생에 주어진 시간을 즐기지 못하고 슬픔에 빠져 사는 아버지의 모습을 보며 가슴 아파하고 있지는 않을까요?

내담자 듣기에는 하나같이 다 그럴듯한 말인데, 마음은 여전히 지옥 같네요.

디오티마 죽음의 슬픔을 이겨내려는 노력을 피하고 있기 때문이에요. 생각과 마음의 초점을 상실의 슬픔에서 삶을 다시 일으켜 세우는 일로 조금씩 옮겨 와야 해요. 절대로 자기연민이나 상실감에 빠져서는 안 됩니다. 그런 마음이 들면 그 고리를 몇 번이고 끊어내는 연습을 하세요. 집중과 노력이 필요한 일과 활동을 찾으세요. 물론 슬퍼할 시간도 충분히 가져야겠지만, 다시 자신의 삶을 살아가고 즐길 시간도 가져야 해요.

아이가 당신에게 바랐던 일을 기억하세요. 아이의 마지막 소망대로 다시 일어나 살아가려고 노력하세요. 딸을 위해서 그리고 당신 곁에 있는 사람들을 위해서요. 딸을 사랑한 만큼 마지막 사랑까지 실천해주세요. 딸아이와 함께한 선물 같던 24년간의 세월을 추억하고, 마음을 편안히 먹는 연습을 하세요. 모든 일에는 정해진 시간이 있고, 시작과 끝이 있으니까요.

죽음은 삶과 연결되어 있습니다. 살아 있는 존재라면 누구든지 죽음을 피할 수 없죠. 그저 그 안에서 누구는 몇 년 더 빨리, 누구는 몇 년 더 늦게 가는 것뿐입니다. 모두가 결국 떠나죠. 그런데, 어디로 가는지 아는 사람이 있나요? 인간의 이성과 지식으로는 아직 죽음 뒤에 무엇이 있는지 모릅니다. 죽음 뒤에 뭐가 있는지도 알 수 없는데 그렇게 애도만 할 필요가 있을까요? 사람들이 죽음을 슬퍼하는 건 죽음이 좋지 않은 일이라고 생각하기 때문 아닐까요? 그런데 죽음이 정말로 좋지 않기만 한 일인지, 누가 알까요? 어쩌면 죽음이 천국으로 가는 문일지도 모르잖아요. 많은 사람이 죽음 뒤에는 아무것도 없다고 생각합니다. 하지만 모를 일이죠. 죽고 나서 다시 돌아온 사람은 없으니까요. 심장이나 뇌가 잠시 멈췄다가 돌아와 임사 체험을 했다고 하는 사람들 가운데 일부는 그 순간이 너무나 황홀했던 나머지 살아 돌아와서 오히려 아쉬웠다고 하더군요.

살아 있는 사람들의 마음속에 남아 있는 한 그 사람은 죽은 게 아닐지도 몰라요. 당신 아이는 당신의 마음속에, 생각 속에, 영혼 속에, 추억 속에 살아 있는 거죠. 그것에 기뻐하고, 그때의 순간을 기억하세요. 언젠가 당신도 딸아이 곁으로 정말 갈 수도 있는 거고 그건 아무도 모르는 거잖아요. 우리의 이성과 지식을 뛰어넘는 저 너머의 차원에서 아이는 이미 자신의 삶을 이어가고 있을지 모릅니다. 어쩌면 그곳은 여기보다 더 좋을 수도 있고요.

죽어서 원천으로 돌아가는 일이 결국 모든 생명체가 피해 갈 수 없는 일이라면 그 사실을 받아들이고 오히려 선물처럼 주어진 삶에, 또 이 삶을 혼자서 걸어가지 않아도 된다는 사실에, 사랑하는 사람들과 삶의 일부를 함께할 수 있음에 감사해야 해요. 감사하고 순종하는 겸허한 마음으로 우리에게 주어진 것에 기뻐하면서, 주어졌던 것이 다시 곁을 떠날 때 지나치게 슬퍼하지 말아야 합니다. 모든 건 처음부터 빌려온 거예요. 우리보다 더 강한 차원의 섭리가 있음을 받아들이고, 자연은 죽음과 사라짐의 대가로만 생명을 다시 창조해낸다는 걸 인식합시다.

내담자 그만요! 너무 혼란스러워요.

디오티마 혼란스러울 수 있지만, 이제 그만 애도에 잠겨 있던 시간을 마무리하고 당신의 삶을 다시 시작해야 해요. 딸아이의 죽음과 화해하세요. 자연의 섭리로 일어나는 일에 '오케이'라고 말하세요. '왜 하필 내 딸이야?' 같은 질문은 이제 그만 접어두세요.

인도의 한 어머니가 사랑하는 딸을 잃고 길거리를 돌아다니며 딸아이의 이름을 쉬지 않고 외쳤습니다. '자이아나, 자이아나! 제발 누가 내 딸 자이아나 좀 찾아주세요.' 넋 나간 사람처럼 돌아다니던 그 어머니는 공교롭게도 시체를 소각하는 장소에 다다랐죠. 그곳에 있던 경비원에게 어머니는 똑같은 질문을 했습니다. 자기 딸 자이아나를 좀 찾아줄 수 없냐고요. 그랬더니 경비원이 '어떤 자이아나 말이오?'라고 묻더랍니다. '이곳에서 소각한 자이아나라는 이름의 여자아이 시체만 2만 4천 구쯤 있소'라고 하면서요.

＊　＊　＊

디오티마는 남자를 슬픔에서 꺼내주는 일을 꽤 어려워했다. 성공했는지는 모르겠다. **디오티마는 철학이 슬픔을 예방하는 데는 직접적인 도움이 될 수 있다고 했다. 고통스러운 감정에 빠져 자기를 잃어가는 일이 일어나지 않도록 평소에 연습하는 것이다.** 디오티마 자신도 철학의 실천성을 강조함으로써 사람들이 자기중심을 잃지 않도록 미리 예방하는 일에 방점을 두고 있다고 말했다.

하지만 아무것도 준비하지 못한 채로 비극적인 운명을 맞은 사람이 자기 자신을 다시 찾는다는 건 실로 어려운 일이다. 의학계에서도 건강하고 규칙적인 삶의 습관으로 질병을 예방하고 방지하는 일이 이미 병든 사람을 낫게 하는 일보다 훨씬 쉽다고 한다. 하지만 안타깝게도 사람들은 예방보다는 병이 생겼을 때 빠르게 치료하는 것을 더 중요하게 여긴다.

마음의 병도 마찬가지다. 마음의 병에 걸리기 전에 인생의 모든 면모와 어려움을 제대로 바라보는 법을 배우고 내면화해둔다면 많은 고통을 예방할 수 있다. 삶이란 원래 불안정하고 마지막에는 다들 죽는다는 사실을 받아들이면, 그런 운명이 가까운 사람에게 너무 빨리 닥치거나 심지어는 자식을 먼저 보내야 하는 비극을 맞이하더라도 잘 견뎌낼 수 있다. 당연히 슬픔을 막을 수 없고, 애도의 시간도 필요하다. 하지만 그 시간이 지나고는 다시 자기 자신을 되찾아야 하고, 시간이 더 흐르면 다시 예전처럼 삶의 기쁨을 느낄 수 있어야 한다.

남자는 디오티마를 자주 찾아왔고 시간이 지나면서 다소 안정되는 듯 보였다. 올 때마다 말을 참 많이 했는데 디오티마는 아무 말 없이 들어주었다. 말로 토해내는 시간이 그에게는 좋았나 보다. 물론 그사이에 그동안의 상담이 수포로 돌아간 듯 슬픔에 깊이 빠지기도 했다. 하지만 점점 그 간격이 줄어들면서 다시 자기 삶으로 돌아오는 느낌을 받는다고 했다.

그는 이전에 해보고 싶었던 일들을 하나씩 시작했다. 그렇게 하니 아이의 죽음을 잠시나마 잊을 수 있었고 다른 생각도 할 수 있게 되었다. 거기서부터 작은 기쁨의 씨앗이 싹을 틔웠다. 아무래도 딸아이를 덜 생각하고 그 시간에 친구나 가족, 다른 사람과 함께 지낸 것이 도움이 된 듯하다. 다른 사람들 곁에 있어주고 때로는 한발 물러나 있는 습관도 갖게 되었다. 가장 도움이 많이 되었던 건 자기와 마찬가지로 사랑하는 사람을 잃은 후 이제는 자신의 삶으로 돌아오려는 사람들과 정기적으로 만나 대화하는 시간이었다.

지금은 호스피스 병동에서 봉사 활동도 하고 있다. 이 일 또한 그에게 많은 것을 느끼게 해준다고 한다. 죽음을 조금이나마 편안히 받아들이도록 환자들 곁에서 말동무도 되어주고 이것저것 설명도 해준다. 그러다 보면 그들을 위해 하는 말이 결국 나 자신에게 하는 말이기도 했음을 알아차리게 된다.

그러다 어느 날부터 남자는 우리를 더 이상 찾아오지 않았다. 슬픔을 잘 극복했는지는 모르겠다. 어떤 사람들은 슬픔에서 끝내 헤어나지 못하기도 한다. 하지만 내 생각에 그는 잘 극복해냈을 것 같다. 그와 디오티마의 면담 중에 듣고 적어둔 몇 가지 격언을 소개해보고자 한다. 여느 때와 마찬가지로 고대 철학에서 찾은 말들이다.

"슬플 때 느끼는 고통은 아무리 많이 표현해도 과장이 아니다."

공자

"불운을 겪은 사람만이 이 세상에서 평온을 느낄 수 있고
저세상에서도 보상을 받는다."

출처 불명의 고대 격언

"슬픔은 변화의 기회다."

공자

"매일 일상에서 마주하는 모든 것이 우리의 삶이다."

도겐

"모든 사람은 삶의 순환, 즉 행복의 변덕에 시달린다."

밀레투스의 포킬리데스

"슬픔 속에서도 마음은 빛을 향해야 한다."

플루타르코스

13

모든 이별의 순간은
새로운 기회의 순간이다

"멋진 건물을 가진 사람은,
태연히 그 안에 들어가 살다가,
태연히 떠난다."

— 노자

❖ 한 여자가 남편이 집을 나간 지 1년이 지났는데도 여전히 질투심에 불타 매일같이 절망 속에 산다고 토로했다. 그 이유는, 혹시나 했는데 역시나 그에게 다른 여자가 생겼기 때문이었다. 둘은 직장에서 만난 사이라고 했다. 남편은 하루아침에 짐을 다 빼버리더니 그녀에게 이제 그만 끝내자고 말했다. 다른 여자와는 상관없는 결정이라는 말도 덧붙였다. (다들 그렇게 말한다.) 그렇지 않아도 다른 이유 때문에 끝내려고 했는데 내연녀가 마지막 이유가 되었을 뿐이라고 했다. 남자는 더 이상 아내와의 관계에서 얻을 게 없다고 했다. 두 사람이 나눈 모든 대화, 다시 가까워지려는 노력, 부부 상담 따윈 아무 소용이 없어

졌다. 사이는 점점 멀어져만 갔고 회복하기 어려운 지경에 이르렀다. 그렇게 지금까지 와버렸다.

그녀는 너무나 당황한 나머지 처음엔 그의 말을 하나도 이해하지 못했다. 여자가 느낀 남편과의 관계는 남편이 말하는 것과는 딴판이었기 때문이다. 갈등이야 있었지만 여느 부부 사이에서나 그 정도 갈등은 있다고 생각했다. 여자가 생각하기에 갈등보다는 좋았던 시간이 더 많았다. 20년간 함께한 세월을 한순간에 내팽개칠 순 없었다. 열일곱 살인 딸도, 열네 살인 아들도 그에겐 보이지 않는 모양이었다. 첫째는 부모의 이혼을 대수롭지 않게 넘겼지만, 둘째는 아직도 침울해한다.

남편이 아이들은 자신이 키우겠다고 말했다. 하지만 한집에서 사는 것과 따로 사는 것의 문제는 완전히 다르지 않은가. 남편은 아이들의 새로운 엄마와 다 같이 여행을 떠나겠다고 했고 그 말에 여자의 머릿속은 새하얘졌다. 아이들은 아마 이게 무슨 일인가 하고 어리둥절할 것이다. 그녀는 그가 계획한 여행을 법적으로 못 가도록 막을 순 없는지, 그의 행동 범위를 어떻게든 제약할 방법이 없는지 생각해보기도 했다. 하지만 그녀의 변호사는 그럴 방법이 전혀 없다고 했다.

＊　＊　＊

디오티마 그럼 이혼을 한 건가요?

내 담 자 아직이요. 재산 문제 때문에 절차가 좀 남았어요. 그 사람이 절 떠났으니 더 큰 대가를 치러야 할 거예요. 자신이 저지른 일이 어떤 결과로 돌아올지 본인도 알아야죠.

디오티마 그가 돌아오리라는 희망을 아직 품고 있나요?

내 담 자 점점 사라지고는 있지만 사람 일이야 알 수 없죠. 콩깍지가 벗겨지고 나면 어떻게 될지 모르잖아요. 어쩌면 그 사람도 시간이 지나면 저란 존재의 소중함을 새삼 깨달을지도요.

디오티마 설마 가만히 기다리다 보면 언젠가 그가 알아서 돌아오리라고 생각하는 건가요?

내 담 자 문은 열려 있다고 생각해요.

디오티마 그걸로 끝이에요? 제가 보기에 당신은 이미 그 이별로 큰 상처를 입었고, 많이 슬퍼하는 것 같아요. 남편이 다른 사람을 만난다는 사실 때문에 속상하잖아요. 지극히 자연스러운 감정이에요. 제 생각엔 아마 당신이 남편에게 대놓고든 암묵적으로든 비난의 감정을 전달하고 죄책감을 느끼게 했을 거예요. 당신이 그런 상처를 받았음을 그에게 계속해서 어필했겠죠.

내 담 자 네, 그랬던 것 같아요.

디오티마 전 아무것도 함부로 평가할 수 없어요. 하지만 그런 행동이 남편을 돌아오게 하진 않는다는 건 알 것 같아요. 문제를 둘러싼 모든 고통과 불편함, 질투심이 핵심이죠. 사람이 누군가를 떠날 땐 분명 어떤 이유가 있다는 점도 생각해보자고요.

내 담 자 그 여자요! 그 여자는 남편이 좋아할 수밖에 없는 여자예요. 일단 저보다 어리고요. 우리는 벌써 결혼한 지 20년이 지났고 저와의 관계에 질려서 변화를 원했겠죠. 새로운 사람과의 첫날밤은 오래된 부부의 지루한 일상보다 훨씬 달콤할 테니까요. 하지만 그 관계에서도 언젠가 질리는 날이 오겠죠.

디오티마 견고했던 관계에서 한 사람이 문득 떠날 때 그 관계에 뭔가가 부족했다는 뜻이에요. 아주 근본적인 무언가가 채워지지 않고 갈망하는 것을 가질 수 없어 목마른 채로 사는 거예요. 남편이 어떤 걸 원하고 어떤 걸 부족해 했는지 알고 있나요?

내 담 자 아니요, 전혀요. 저랑 살 때 그이는 다 가진 남자였어요. 건강한 애들도 둘이나 있겠다, 내조 잘하는 아내도 있겠다, 가족 간의 행복한 추억도 정말 많았다고요. 그걸 고작 다른 여자 때문에 하루아침에 내팽개친다고요?

디오티마 그럴 수 있죠. 다른 모든 일이 일어나는 이유와 마찬가지예요. 무언가 저 깊은 곳에서 내 마음대로 되지 않는 게 있는 겁니다. 그게 뭔지 추측조차 할 수 없다면 당신이 남편을 제대로 이해하지 못하고 있다는 뜻입니다. 상호 이해 없이는 어떤 관계도 유지되지 못해요. 이별하는 과정에서 상대에게 책임을 전가하고 질책하는 게 중요한 게 아니에요. 상대방에게 무엇이 부족한지 궁금해하고, 그의 행복을 더 이상 지금의 부부 관계에서 찾기 어려워질 때까지 내가 한 일은 무엇인지 생각해보는 게 중요하죠.

삶에서 가장 중요한 문제이자 궁극적으로 추구해야 할 과제는 행복과 충족감을 느끼는 거예요. 단 한 번뿐인 인생이라는 선물의 가치를 온몸으로 느끼는 길이죠. 상대가 나를 떠나려고 하는 이유도 여기에 있을지 몰라요. 그런데도 이별하는 그 순간까지 서로가 행복한 관계였다고 착각한다면 분명 뭔가 간과한 게 있는 겁니다. 아니면 그걸 인정하기 싫어서 두 눈을 꾹 감은 채 모른 척하고 산 거겠죠. 겉으로만 행복하고 실제로는 거짓 속에 산 겁니다. 이미 무너지고 기울어져 가는 관계 속에서, 자신이 인지하지 못한 내적인 갈등 속에서 산 거예요.

병에 걸렸는데 아직 병에 걸린 사실을 모르는 것과 같아요. 증상이 드러나지 않는 잠복기라고 볼 수 있죠. 그러다 이별의 순간이 오면 그때까지 쌓인 모든 갈등이 터져 나와요. 비로소 오래 묵힌 문제들을 진지하게 다루게 되는 겁니다. 오랫동안 인지하지 못한, 수면 아래 도사리던 긴장의 끈이 드디어 햇볕으로 나오고, 그제야 궁지에 몰린 사람들은 진지하게 마주 앉아 대화를 나누죠. 그러다 운이 좋으면 문제를 해결하고 다시 시작해볼 수도 있는 거고요.

그래서 모든 이별의 순간은 기회의 순간이기도 해요. **장기적으로 본다면 두 사람 모두에게 좋은 일입니다. 일단 병이 있다는 게 드러나야 치유의 과정도 시작되니까요.** 이따금 그게 치유의 과정인지조차 모르고 이루어지기도 하죠. 문제는, 떠나는 이의 시야가 좁아지고 이미 곪을 대로 곪은 부정적 감정만이 두 사람 사이를 가득 채웠을 때입니다. 두 사람 사이가 아무것도 기대할 수 없는 공허한 상태라는 생각에 사로잡혀 병에 걸린 것조차 끝까지 모를 때죠.

내담자 남편은 왜 그걸 모르는 걸까요?

디오티마 이유는 다양해요. 보통은 상실에 대한 두려움, 친밀감 부족, 안정감에 대한 목마름, 과한 구속 같은 게 이유죠. 인생의 모든 건 다 지나갈 일이고, 원한다고 한들 우리 마음처럼 그 모습 그대로 유지할 수도 없고, 관계는 언제나 영원한 것이 아니며, 오래 지속되는 게 오히려 예외적인 경우라는 인식이 부족한 탓이기도 하죠.

내담자 좀 더 자세히 설명해주세요.

디오티마 부부가 되면서 하는 영원한 사랑에 대한 서약은 사실 생명체의 본질에 반하는 겁니다. 삶은 끊임없이 변하니까요.

평생에 걸쳐 한 사람과의 인연이 유지되고, 생명이 다할 때까지 서로에 대한 사랑이 이어진다는 건 아름다운 일이죠. 다들 그러기를 바라고 그런 환상 속에서 부부 생활을 시작하죠.

하지만 어떤 관계가 수십 년 넘게 또는 평생에 걸쳐 변하지 않는 경우는 드뭅니다. 그러니 중요한 건, 사람의 감정은 시간이 지나면서 바뀔 수 있음을 알고, 사랑하는 사이에서도 소원함, 이해 상실, 서운함, 긴장 등이 생기는 것을 자연스러운 일로 받아들이는 것입니다.

지극히 조화로운 상태, 서로에게 완벽히 매혹된 상태는 그렇게 오래 지속되지 않아요. 오히려 매우 민감하고 깨지기 쉬운 상태죠. 이러한 생산적인 긴장감을 수십 년간 제대로 유지할 수 있는 관계는 거의 없습니다. 배우자를 3년에 한 번씩 바꾸는 것을 관례로 만든 북아메리카 인디언 부족도 있다고 들었어요. 그런 관례가 생긴 것 역시 제가 지금 말한 이유 때문일 거예요.

이 사실을 제대로 이해했다면 관계를 시작할 때부터 그 관계가 생각보다 일찍, 그리고 원치 않는데도 끝나버릴 수 있고 심지어 그렇게 끝내는 사람이 내가 될 수도 있음을 받아들이고 대비해야 해요. 당연히 사람들은 관계의 끝을 상상해보려고 하지 않습니다. 상대를 믿고 나를 믿고 우리 관계가 오래갈 거라는 희망을 품죠. 그러기 위해 상대를 보살피고 상대를 위해 희생하기를 소홀히 하면 안 된다고 믿고요.

하지만 그 반대로 해야 해요. 관계라는 게 언제든 변하거나 끝날 수 있음을 알고, 함께 있음을 날마다 새롭게 느끼고, 함께 있음에 늘 기뻐하는 거죠. 관계를 변함없이 유지하려고 최선을 다하되, 그런 일이 당연한 것도 아니고 일반적이지도 않으며 내가 컨트롤할 수 있는 일도 아님을 기억해야 하는 거예요.

관계의 불변함을 당연하게 여기면 안 돼요. 그 어떤 좋았던 관계도 언제 어떻게든 어긋날 수 있어요. **관계 그 자체가 살아 숨 쉬는 생물 같은 거예요. 그렇지 못한 관계는 경직되어 있고 생명력도 없죠.** 실제로 헤어질 용기가 없어서, 변화와 단절을 인정할 용기가 없어서, 그래서 그냥 그렇게 살아가기로 하는 사람도 허다하죠. 상처가 곪아 딱지가 앉았더라도 사랑하지도, 받지도 못하며 겨우 현상 유지만을 하는 거죠.

많은 사람이 혼자가 되는 걸 두려워하고 익숙한 것만을 하려고 해요. 자연스러운 경향입니다. 우리는 안정을 찾고 보호받기를 매우 깊이 갈망하고, 따라서 익숙하고 잘 알려진 것을 좇으려 하고 현상 유지에 집착합니다. 하지만 그러면 호기심을 가지고 삶의 여러 열린 곳에 다가갈 수 없게 되고, 감동을 주고받을 수 있는 곳, 새로운 경험을 쌓을 수 있는 곳, 모르는 것과 놀라운 것을 만날 가능성이 있는 곳, 배우고 성장하고 스스로 변화시켜나갈 수 있는 곳으로는 결코 가기 어려워집니다.

인생은 자기 자신의 변화뿐 아니라 그런 변화를 받아들이는 준비가 되어 있는 상태 그 자체예요. 그 반대는 경직, 사물화, 구속의 상태입니다. 사람들은 살면서 맺는 관계에서 안정을 갈망해요. 하지만 실제로는 불안정 속에서 살고 있답니다.

많은 사람이 이 사실을 인정하고 싶어 하지 않을 뿐이죠.

내 담 자   머리론 이해가 되는데, 마음은 그대로네요.

디오티마   마음도 영혼의 이성이에요. 즉, 당신의 영혼은 지금 우리가 나눈 대화를 이해하지 못하고 있는 거죠. 당신 안의 어떤 고집이 통찰로 가는 길을 가로막고 있어요.

내 담 자   맞아요. 하지만 마음이 동하지 않으면 모든 게 쓸모없는 것 아닌가요?

디오티마   꼭 그럴까요? 마음이 동하지 않더라도 자신에게 유익한 것이 무엇인지 알면 손 놓고 있는 상황은 피할 수 있습니다. 의식적이고 반복적인 생각이 마음에 영향을 미치는 것 또한 사실이죠.

　배우고, 개선하고, 습관을 바꾸고, 적응하는 것은 언제나 우리의 마음에도 영향을 미쳐서 작은 변화로 이어지게 합니다. 예를 들어 버거운 일을 마주쳤을 때 '오, 이제 이것까지 해야 하다니!'라고 할 수도 있지만, '자, 이제 뭘 할 수 있는지 보여주자!'라고 할 수도 있습니다. 생각에 따라 다른 감정을 갖게 되는 거죠.

　어린이를 양육할 때, 모든 교육의 목적은 아이가 가진 호기심과 긍정적인 감정을 아이에게 유익한 쪽으로 개발하고 유익하지 않은 쪽으로는 개발하지 않도록 하는 것입니다. 생각과 감정 사이의 상호작용도 마찬가지의 프로세스로 이뤄지죠. 자기 수양이나 자기계발을 위한 노력으로도 나아질 수 있어요. 자신에게 집중해 수양하면 질투와 이별의 아픔까지도 극복할 수 있답니다. 과거에 있었던 일에서 벗어나 지금 일어나는 일에 집중해서 자신을 자유롭게 만드는 거예요.

내담자 구체적으로 뭘 하면 될까요?

디오티마 부부 관계를 비롯한 당신이 처해 있는 구체적인 상황에 대해 지금까지 가지고 있던 생각을 바꾸고 다른 태도를 보여야만 해요. '동반자'라는 단어는 어떤 관계를 맺고 가꿔나갈 때 알아야 할 삶의 지혜를 내포합니다. 당신에게 일어난 사건을 다른 관점에서 새롭게 이해하고 재평가해야 해요. 상대에게서 시선을 조금은 거두고, 그의 잘못을 덜 헤집어야 해요. 동반자 관계에서 상대의 잘못을 찾는 행동은 적절하지 않아요. 그보단 자기 자신에게 시선을 돌려서 이 관계가 막을 내리는 데 내가 제공한 원인은 무엇인지를 봐야 하죠. 가장 어려운 일이긴 해요. 하지만 내면에서 배우자와의 결속을 풀고, 관계에 대한 강한 집착을 거두고, 상대를 놓아주는 법을 배우기 위해 꼭 필요한 일이죠.

내담자 하지만 전 그가 다시 제게 돌아오면 좋겠어요.

디오티마 배우자가 돌아오는 게 당신과 아이들에게 정말 좋은 일일까요? 물론 제가 판단할 수 있는 일은 아니죠. 다만 확실한 건 그가 돌아올 문을 열어두기 위해 당신이 할 수 있는 최선은 자기 자신을 되찾고, 내면의 상처를 치유하는 것이에요. 자기 인생을 스스로 완전히 새로 쌓아나갈 수 있고, 내적으로 독립해서 자유로워지고, 배우자 없이도 행복하게 살아가는 법을 배우면 그게 가능해져요.

그게 바로 자기 안에서의 진정한 치유랍니다. 평온함과 자신감을 갖고, 시기, 질투와 같은 부정적인 감정에서 벗어나는 거죠. 이게 되어야만 비로소 당신도 당신만의 개성을 발산하게 될 거예요. 새로운 삶의 용기를 얻고 더 매력적인 모습이 되죠. 그러면 남편이 돌아오든지 아니면 당신이 새로운 배우자를 만나든지 하는 일이 일어날 거고요.

둘 다 일어나지 않더라도 적어도 지금 상황을 잘 다루게 되고 만족스러운 삶을 꾸려나갈 수 있습니다. 하지만 자신을 단련해서 중심을 잘 잡아 평화와 조화 속에서 사는 사람은 오랫동안 혼자 살지는 않더군요. 설령 새로운 연인을 찾지 못한다 해도 연인의 자리를 충분히 채워주고 행복하게 해주는 여러 친구, 일, 모임이 늘어나요. 그리고 자기 자리에서, 자기가 하는 일에서, 지금 경험하는 것에서 충족감을 느끼죠.

내담자 지금 같아서는 제 부정적인 감정, 질투, 분노, 짜증을 내려놓는 게 불가능할 것 같아요. 사실 정말 그러고 싶은지조차 모르겠어요. 다시 치유된다는 게 구체적으로 어떤 거죠?

디오티마 부정적인 감정이 나를 힘들게 한다는 걸 알면서도 무의식적으로 그 감정을 계속 키워나가는 건 그 이면에 심리학적인 이유가 있을 수도 있어요. 드문 일도 아니죠. 하지만 바람직하고 성공적인 인생을 꿈꾸는 사람이라면 이 내적인 간극을 메우기 위해 노력해야 해요. 부정적인 감정 속에 뿌리박힌 에너지를 가치 있고 나의 성장에 도움이 되는 생산적인 에너지로 전환할 수 있도록 노력을 기울여야 해요. 충분히 가능한 얘기입니다. 먼저 어떻게 살 건지 스스로 결정을 내리세요. 생각을 바꾸지 않으면 아무것도 바뀌지 않으니까요. 현재 상황에 만족하지 못한다면, 이제 바뀌어야 할 때입니다.

관점을 바꾸는 연습부터 해야 해요. 관계에 대한 당신의 가치관이나 남편에 대해 갖고 있던 생각을 다시 한번 되짚어 볼 때예요. 관계란 건 다른 모든 것과 마찬가지로 본질적으로 무상한 것입니다. 집착을 버리고 자신의 행복을 남편의 선택에 맡기지 마세요. 행복과 불행은 외부의 사건에 달린 게 아니라, 자기 내면의 조화와 균형에 달린 거니까요.

이 사실을 아침, 점심, 저녁마다 되뇌세요. 당신을 과거에 붙잡아 두고 있는 내면의 매듭이 풀어질 때까지 말이죠. 거기서 떨어져 나와 고개를 들어 시선을 앞으로 향하게 해보세요. 그러고 나서 지금 상황을 다시 바라보세요. 친한 친구와 대화하면서 지금 상황을 되짚어 보는 것도 좋고요. 원인을 명확하게 인식하고, 어쩌면 이게 가장 나은 방향일지 모르며 이제는 관계가 끝나가는 단계라는 통찰을 얻는다면, 그게 바로 관계를 바람직하게 재정립하는 길이 될 겁니다.

그 단계가 되면 당신의 상처도 아물고 치유되겠죠. 이별이라는 사건은 더 이상 당신의 삶이나 다음에 만날 연인에게 영향을 주지 못할 테고, 오히려 당신을 성숙하게 만들 테죠. 당신이 맺는 새로운 관계를 더 충족되고 살아 숨 쉬는 것으로 만들어줄 거예요. 주변을 한번 둘러보세요. 처음 맺은 관계에서 여전히 행복하기만 한 사람이 있나요? 이전의 관계를 끝내고 더 풍족하고 풍요롭게 관계 맺는 법을 배운 사람들이 새로운 관계를 찾아 행복하게 살고 있진 않나요?

제가 '끝난 관계'라고 했지만 그게 '실패'했단 뜻은 아니에요. 관계의 끝을 실패라고 부를 순 없죠. 두 사람이 함께했던 아름다운 시간은 여전히 거기에 그대로 있어요. 이별하면서 필연적으로 느낄 수밖에 없었던 고통과 힘듦은 잊어버리면 됩니다. 관계는 이미 끝났으니 이제 새로운 방향을 설정해야 하는 거죠. 제 생각에 끝난 관계를 두고 실패라는 단어를 쓰는 사람은 아마 성공한 관계라면 무릇 영원토록 변하지 않아야 한다고 착각하기 때문인 것 같아요.

저도 살면서 매우 친밀하고 견고했던 관계가 다섯 번 정도 있었어요. 누구 하나도 결코 잊을 수 없습니다. 모두 저에게 너무나 아름답고 충족된 시간을 선물했고, 저는 각각의 관계가 결국 끝에 다다르리라는 것을 알면서도 그 시간을 누렸어요.

관계가 끝날 때 찾아오는 고통 때문에 상대방과 함께한 아름다웠던 시간까지도 폄하하고 그와 함께 누린 행복을 깡그리 잊는 건 좋은 방법이 아니에요. 물론 그 관계가 이미 오래전부터 나를 소진하는 건강하지 못한 상태였다면 하루빨리 끊어야 하지만요.

헤어짐을 자기 자신의 탓으로만 돌려서도 안 돼요. 상대가 떠난 것을 자기 자신에 대한 무시이자 경멸로 느끼는 경우도 있는데, 이건 순전히 인간 본연의 자기애 때문이에요. 나의 자존감을 타인의 평가에 무의식중에 맡긴 결과죠. 그 반대로 해야 해요. 자존감을 자기 자신에게서 나오게 해야 하고, 다른 사람의 인정과 연결 지어서는 안 돼요. 이것 역시 일종의 집착이고 집착은 결국 의존성과 비독립성으로 이어지죠. 타인이 나를 인정할지 말지는 내가 컨트롤할 수 없는 일이잖아요. 자기 안에서 자존감이 생겨날 수 있도록 평온하고 독립적이며 강인한 성격을 만들어야 해요. 그러면 다른 사람의 생각 따윈 상관없어집니다. 인정해주면 좋은 거고, 인정해주지 않더라도 별로 타격이 없죠. 강인한 성격은 그런 것에 무너지지 않으니까요.

서두를 필요는 없습니다. 오래 걸리는 게 당연해요. 인생 전반의 감정을 지속 가능하게 바꿔나가는 건 오래 걸릴 수밖에 없는 일이에요. 그동안 작동하던 시스템을 버리려면 우리 뇌에 저장된 사고 패턴, 평가 패턴, 행동 패턴을 바꿔야 하니까요. 이건 삭제가 잘 안 되는 거라 변화를 이루려면 덮어쓰기를 해야 해요. 뇌에서 새로운 세포를 생성하거나 새로운 시냅스 연결을 만들어내는 일인 거죠. 오래 걸리는 프로세스예요. 연습을 꾸준히 이어나가는 끈기가 없다면 예전 모습으로 돌아가는 것도 시간문제죠. 오래 걸리고 인내심을 발휘해야 한다는 사실 때문에 망설이진 마세요. 빨리 시작할수록 첫 변화 역시 더 빨리 눈으로 확인할 수 있을 테니까요.

내담자 좋아요. 한번 해볼게요.

✳ ✳ ✳

그리고 여자는 정말 노력하기 시작했다. 1년이 넘도록 디오티마를 꾸준히 찾아왔다. 오랜 습관을 청산하고, 굳어진 생각을 깨뜨리고, 새로운 관점을 갖는 일은 참 어려운 일인 것 같다. 하지만 그녀는 점차 나아졌다. 디오티마가 이상적이라고 묘사한 독립적인 상태가 되었는지는 알 수 없다. 하지만 마지막에 그녀는 결국 남편을 놓아주었다. 그러자 이혼 절차는 일사천리로 진행됐다. 남편과의 관계를 어떻게든 이어보려고 했던 법적 다툼은 더 이상 필요하지 않았다. 집착 때문에 놓아주지 못해 수년간 날을 세웠던 여러 문제도 신속하게 합의했다.

이제 그녀는 자녀들에게 더 집중하고, 자신에게 당당히 이혼할 힘과 이별의 슬픔을 극복할 힘이 있음을 보여주려고 한다. 디오티마도 아이들에게 좋은 모범이 되어달라고 조언했다. 아이들과 대화도 많이 나누고 아이들의 고통을 극복하기 위한 싸움에도 참여해야 한다고 했다. 실제로 그런 노력을 기울이자 아이들과의 관계도 더 깊어지고 더 풍요로워졌다. 아이들도 엄마가 더는 아빠에 관해 나쁜 소리를 하지 않자 기뻐했다.

얼마 후 그녀도 새로운 연인을 만났다. 그리고 더 이상 우릴 찾아오지 않았다. 대신 전 세계 곳곳에서 엽서를 보내왔다. 아무래도 인생의 새로운 장을 즐기고 있는 모양이었다. 이탈리아에서 보내온 엽서에는 달랑 네 단어만 적혀 있었다. 물론 난 디오티마에게 온 편지는 절대 읽지 않지만, 너무 크게 쓰여 있어서 보지 않을 수 없었다. 네 단어는 이거였다. 'LA VITA È BELLA(라 비타 에 벨라, 인생은 아름다워요)!'

디오티마가 후반부 면담에서 했던 격언 중 몇 가지를 메모해두었다.

"사랑하면서 동시에 이성적인 건 신도 못 하는 일이다."

출처 불명의 고대 격언

"현명한 사람은 늘 헤어짐을 연습한다."

상카라

"구속되지 않는다는 것은 마음이 그 안에 머물며
사물들과 조화를 이루는 걸 말한다."

가마다 류오

"내면의 독립성은 외부의 행복과 불행에서
자유로운 사람만이 얻을 수 있다."

장자

"마음의 모든 속박과 혼탁함으로부터 자유를 얻어
마치 아이와 같이 순수해지는 법을 배워라."

우메지 겐란

"세상의 불안정함이 세상을 살 만한 가치가 있는 곳으로 만들어준다."

일본 격언

"존재하는 모든 것은 결국 사라지지 않는가?"

부처

"기러기 떼여, 불평하지 말라.
세상의 모든 곳이 허망하기는 매한가지다."

고바야시 잇사

"인간관계는 불안정하다는 걸 기억하라."

이소크라테스

"힘겨운 운명을 바꾸는 일도 충분히 가능하다."

디오게네스

14

몸이 아플 때
철학이 해줄 수 있는 것

"현명한 사람은
병에 걸려도 더 강해진다."

— 고대 이집트 격언

❖ 50대 후반쯤 되는 남자가 찾아왔다. 평균 키에 깡마른 체형이었고, 헝클어진 머리에 굳은 표정의 얼굴에는 주름이 심하다 싶을 정도로 많았다. 자리에 앉은 남자는 작지만 단호한 목소리로 말하기 시작했다. 그의 지난날은 매우 성공적이었다. 잘 나가는 건축 사무소의 파트너로 일하고 있었고, 아내와의 관계도 좋았으며, 세 자녀도 건강하게 잘 자라 각자 자기가 원하는 일을 하고 있었다.

그러다가 2년 전에 남자는 자신이 중병에 걸렸다는 사실을 알게 됐다. 그는 놀라지 않았다. 물론 예상치 못한 일이긴 했지만 아무리 중병이라고 해도 인생을 망칠 정도는 아니라고 생각했다. 살면서 항상 운이 좋았기 때문에 가질 수 있는 긍정적인 마인드였다. 그의 운은 대부분 자신의 노력으로 얻은 것이었다. 불행했던 어린 시절에는 부모가 남긴 흔적을 극복하기 위한 실존적 싸움을 하면서 운을 만들었다. 항상 성실하게 일했고 그 덕에 어린 시절에 꿈꿨던 것을 거의 다 이뤘다. 좋은 관계, 좋은 직업, 사랑스러운 아이들을 얻었으며 해외여행도 자주 다녀왔고 취미 생활을 할 여가도 충분했다. 불행한 사건은 늘 그를 피해서 갔고, 편안한 삶을 꾸려가고 자아실현도 할 수 있는 세상이라 생각하며 살았다.

그러다 갑자기 병에 걸린 것이다. 물론 이 역시 잘 해결될 것이라고 낙관했지만, 모든 일이 순조롭게 흘러간다는 건 사실 불가능하다. 결국 그 병이 남자의 삶을 완전히 바꿔놓았다.

신들의 왕 제우스의 옥좌 옆에는 두 개의 통이 놓여 있었다. 제우스의 존경을 받는 여사제 디오티마는 하나의 통에는 기쁨을, 다른 통에는 고통을 넣었다. 신은 모든 인간의 머리에 두 개의 통에 든 내용물을 한꺼번에 쏟아부었고, 하나의 통만 받으려는 인간에게는 화를 냈다.

그건 이 남자에게도 마찬가지였나 보다. 문제의 질병은 알고 보니 진짜 병이 아니라 의사의 오진이었다. 첫 진단은 매우 우울했다. 장기를 일부 떼어내거나 아예 다 들어내는 대수술을 해야 한다고 했다. 의사는 '이 수술 후에는 전과 같진 않으실 겁니다'라고 했고, 실제로 수술 후에는 몸이 예전 같지 않았다.

수술은 잘 끝났다. 하지만 추적 검사에서 첫 진단이 오진이었음이 드러났다. 의사들은 오진이 아니었더라도 그 수술은 해야 했을 거라고 말했다. 하지만 왠지 거짓말 같았고, 남자는 그 말이 사실일 리가 없다고 확신했다. 그래서 다른 병원을 찾아다니던 중 한 의사가 그에게 의학적으로 엄청난 실수였다고 말하며 절레절레 고개를 저었다.

그런데도 그는 자신의 병을 오진한 의사들을 붙잡고 싸우고 싶진 않았다. 그렇게 된 것도 다 운명이라고, 지금까지 평온하고 별문제 없는 삶을 살아왔으니 일종의 막판 액땜이라고 생각하려고 했다. 문제는 수술 후유증이 너무 심해서 더 이상 전과 같은 삶을 살기 어려운 지경이라는 것이었다. 남자는 억울할 수밖에 없었고, 간절히 수술 전의 삶으로 되돌아가고 싶어 했다.

* * *

디오티마 수술 때문에 새로 생긴 증상이 있나요?

내담자 많아요. 나아지는 데 꽤 오래 걸릴 거라고 수술 전에 얘기는 들었습니다. 처음 2년은 너무 불편했어요. 시간이 지나자 어떤 후유증은 다시 정상 궤도로 돌아왔는데 다른 건 그대로였죠. 장기들이 제 기능을 하게 만들고 없는 기능을 보충하려면 너무 많은 약을 먹어야 해요.

디오티마 의사들은 앞으로 어떨 거라고 하던가요?

내 담 자 정확한 말이 없어요. 각종 증상에 익숙해질 거라고나 하죠. 하지만 약은 평생 먹어야 한답니다. 사실 신체적인 증상은 좀 받아들였는데 정신적으론 아직 힘드네요. 좀체 차분함을 찾을 수가 없습니다. 수술 전에는 꽤 괜찮았어요. 몇 년 동안 실천철학을 공부해보기도 했고, 나 자신에게 부족한 점이 보이면 성격을 바꿔보려고 노력하기도 했으니까요.

　그래서인지 웃기도 많이 웃고 살았고 어떤 일이 생겨도 기분을 망치지는 않았어요. 전 기본적으로 밝고 침착했고, 늘 기뻤어요. 사람들을 사랑했고, 싸운 적도 거의 없고, 문제가 생기면 언제나 해결책도 잘 찾았죠. 어떤 난관을 만나도 좌절하지 않았어요. 한마디로 부정적인 감정은 살면서 거의 느끼지 않았고, 생기더라도 빠르게 없어졌어요. 위기의 순간도 몇 번 있었지만 그조차도 현명하게 잘 다뤘어요.

디오티마 지금은요?

내 담 자 지금은 달라졌어요. 부정적인 감정이 '마치 악취가 나는 선술집에 드나드는 악마들'처럼 갑자기 혹 들어왔다가 사라지곤 해요. 막으려고 노력했지만 별 소용없더군요. 갑작스럽게 찾아와 내면을 뒤흔들고, 제가 미처 인식하기도 전에 다른 누군가에게 상처를 주는 악독한 말을 내뱉거나 불친절한 행동을 하게 됐어요. 전혀 그럴 마음이 없었는데도 말이에요. 그럴 때마다 진심으로 미안해져서 사과합니다. 하지만 그렇게 했다는 것 자체가 수치스러워 견딜 수 없어요. 이전에는 그러지 않았는데, 아주 편협하고 예민한 사람이 돼버렸어요. 내면의 균형을 완전히 잃었습니다. 수술 이후로는 행복한 때가 한 순간도 없었어요. 몸은 힘들더라도 마음만큼은 예전으로 돌아가면 좋겠습니다. 어떻게 해야 할까요?

디오티마 사실 저도 알 수 없어요. 의사가 아니니까요. 당신이 영혼을 믿는다면 영적인 힘으로도 충분히 몸과 마음의 평온함에 큰 영향을 미칠 수 있어요. 하지만 우리의 몸은 몸대로 심적 상태에 강한 영향을 미치지요. 많은 질병과 사고는 순전히 생리적인 이유로 정신까지 고통스럽게 만들고, 그래서 더욱 부정적 감정을 갖게 하죠. 사고력과 통찰력 또한 체질과 컨디션 때문에 망가지고, 자기통제력도 현저히 떨어지고 말죠.

그렇게 되면 더 이상 정신을 통제하지 못해요. 내가 내 집의 주인이 되지 못하는 거예요. 완전히 쓸모없다고 까진 할 수 없지만, 심신이 건강했을 때에 비하면 철학이 주는 영향력 또한 제한적이죠. 현명하고 강인한 사람도 질병 앞에선 예외가 될 수 없지만, 그래도 그런 사람들은 병을 견뎌내고 다시 최선을 다할 수 있어요. 병이 마음에 미치는 영향을 완전히 차단하는 걸 목표로 삼아야 합니다.

내 담 자　저는 그럼 어떻게 하면 좋을까요?

디오티마　일단 이미 벌어진 일을 부인하지 말고 받아들여야겠지요. 의사의 오진으로 억울하게 생긴 질병이라고 해도 어떻게든 '오케이'라고 말하며 내 운명의 일부로 받아들이는 법을 배워야 합니다. 아무리 고통스러운 운명일지라도요. 병이란 것도 삶의 일부고, 병과 함께하는 시간은 우리가 돌파해나가야 할 고통의 시간이지만, 동시에 성장하고 성숙할 수 있는 시간이기도 해요. 어려운 시간이 지나고 나면 자연의 법칙이 그러하듯이 당신에게도 기쁨의 시간이 뒤따를 거예요. **그러면 고통의 시간과 기쁨의 시간이 본질적으로는 하나임을 깨달을 거예요.**

　대부분 몸이 아프면 병에 걸리기까지 가지고 있었던 삶의 방식, 생각, 감정, 의지를 추론할 수 있어요. 병에 걸린 것을 계기로 내가 살아가는 방식을 점검해볼 수 있죠. 모든 질병을 시시콜콜 파고들 필요는 없지만 종종 그런 과정도 필요합니다. 모든 병은 자기를 돌아보게 하거든요. 제 경우는 거의 모든 질병이 저의 잘못된 습관에서 비롯한 거였어요. 이제는 병을 앓지 않은지 오래되었어요. 제 몸이 보내는 신호를 민감하게 알아채고 반응한 덕분이죠.

　인내를 연습하세요. 견디는 능력을 키우세요. 인내는 내 안의 평온함과 용기와 연결되어 있는 중요한 덕목입니다. 내면의 힘이죠. 자기 자신의 힘으로 바꿀 수 없는 것들과 화해해야 합니다.

내가 바꾸지 못하는 것에 에너지를 낭비하느라, 오히려 내 힘으로 바꿀 수 있는 것을 놓칠 수 있습니다. 중요한 자원을 낭비하는 꼴이죠. 원래 내가 살고 있는 세상 외의 다른 세상은 없는 거랍니다. 엄밀히 살펴보면 고난이 주는 좋은 점도 있기 때문에 어차피 바꿀 수 없는 거라면 감사하게 받아들이고 기쁨을 찾아야 해요. 부정적인 감정이 내 삶을 파괴하도록 방치하면 안 됩니다.

어느 누구도 심각한 병에 걸리는 것과 같은 운명을 피할 순 없어요. 각자가 짊어지고 갈 짐이 누구에게나 다 있잖아요. 언젠가 그 일이 나에게 닥쳤을 때, 고개를 당당히 들고 운명을 받아들이도록 연습합시다. 그러기 위해 필요한 건 스스로 삶의 밝은 측면을 떠올리는 힘이에요.

내담자   그런 생각이 제가 운명을 견디는 데 도움이 된다 해도, 인생의 기쁨을 어디서 찾는단 말이죠? 전과 같은 감정으로, 이전처럼 다시 웃으면서, 나를 끈질기게 괴롭히는 부정적인 감정으로부터 자유로워지는 방법은 뭔가요?

디오티마   어디서 찾을 수 있을지는 저도 몰라요. 본인이 직접 찾아야 해요. 긍정적인 것, 당신에게 기쁨을 주는 것에 집중하세요. 그리고 그걸 찾으면 가능한 한 몰두하세요. 계속 성장하기 위해 노력하고, 남는 에너지를 그런 데 쓰세요. 지금의 상태를 수술 이전의 상태와 더는 비교하지 말고, 병 때문에 새로 갖게 된 어려움에 너무 집착하지 마세요. 삶에 아직 남아 있는 기회만 생각하세요. 그 안에서 내가 할 수 있는 일과 목표를 설정하고, 단 몇 시간만이라도 질병을 잊도록 집중해보세요. 몸이 보내는 신호에도 주목하고, 몸을 앞으로 더 건강하게 만드는 일에도 신경 쓰시고요.

다른 사람, 아이들, 아내, 친구, 주변 사람을 더 깊이 생각하세요. 다른 사람을 위한 행동은 내게도 성취감을 주고 삶에 의미를 줍니다. 이기주의가 팽배한 요즘 사회에서는 더욱 큰 기쁨의 원천이기도 하죠. 나에 대한 관심을 주변 사람에게 돌리면 병에 대한 잡념에서 벗어나는 데도 도움이 될 겁니다.

그리고 계속해서 관용을 연습하세요. 지금보다 나은 날이 반드시 올 것이며, 인생사 새옹지마라는 사실을 잊지 마세요. 그게 자연의 섭리입니다. 마치 생명이 숨을 들이마시고 내쉬듯이, 물질이 수축하고 팽창하듯이 말입니다. 질병을 과제나 도전, 테스트로 여기고 이를 통해 더 성숙해지고, 더 많은 것을 배울 기회로 삼으세요. 운명적인 사건 뒤에 어떤 사람들은 이전에 미처 알지 못했던 자기 자신, 다른 사람, 삶에 대해 깨닫게 되고 민감해지기도 한다고 하죠. 또 어떤 사람들은 인생에서 가장 힘든 시기에 자기 자신에 관해 가장 잘 알게 되기도 하고요.

마음이 금방 변하리라고 기대하지는 마세요. 자신에게도 시간을 주세요. 철학은 의학이 아니라서 약을 먹고 바로 낫게 하는 방법 같은 건 없습니다. 그보다는 지속 가능한 변화를 추구하죠. 그게 바로 삶이 변하는 방식이자 인생에서 일어나는 모든 일을 바라보는 방식이에요. 마음에는 두 가지 모습이 있답니다. 일상에서 최선을 다해 삶에 대처하려는 마음과, 그런 마음을 지켜보면서 돕는 마음이죠. 철학자들이 돕는 마음이 바로 후자입니다. **일상의 문제에서 한 발짝 떨어져 완전히 분리된 관점으로 바라보는 거예요.** 좋은 치료법과 마찬가지로 좋은 철학은 당장의 증상을 완화하는 치료에만 매달리지 않아요. 원인과 뿌리를 찾아 제거하고자 합니다. 그 뿌리가 깊다면 깊이 파내야 하고요.

삶의 기쁨을 다시 찾을 수 있다고 확신을 가지세요. 인내하고 꾸준히 연습하고 올바른 생각을 하게 되면, 내게 남은 다른 선택지가 있음을 알게 되고 그것을 최대한 활용하는 방법도 깨닫게 될 겁니다. 아무런 어려움 없이 사는 사람은 없어요. 누구나 자신에게 던져진 운명적인 조건들을 받아들여야 하죠. 몸 상태가 좋지 않은 날이 있더라도 너무 낙심하지 마세요. 그 시간도 결국 지나갈 겁니다. 그런 순간에도 인내심을 가지세요. 하늘에 떠다니는 구름처럼 시간이 되면 오고가는 기분이라고 생각하세요.

마지막으로 수술 이전의 상태로 돌아가고 싶다는 생각을 버리세요. 헛된 기대는 반드시 좌절로 이어집니다. 이전과는 달라졌음을 인정하세요. 그게 삶의 본질입니다. 물은 절대 아래에서 위로 흐르지 않아요. 수술은 이미 당신의 삶을 바꿔놓았습니다. 병을 받아들이고, 회복할 수 있는 건강과 몸에 집중하고, 내가 누릴 수 있는 기쁨을 찾으세요. 남은 선택지에 집중하세요. 질병이라는 위기 역시 우리가 계속 살아가는 한 새로운 기회를 가져다줄 수 있으니까요.

내담자 그렇게 한번 해보겠습니다.

❋　❋　❋

면담은 6개월 정도 이어졌는데 결과는 꽤 성공적이었다. 옆에서 볼 때 그는 몸과 마음이 전부 다 점점 더 좋아지는 듯했다. 공격성과 부정적인 감정도 줄어들고 있다고 했다. 뿐만 아니라 병 때문에 나타나던 신체적인 증상도 나아졌다. 디오티마와 면담하기 전에도 명상과 호흡 훈련은 종종 했었는데, 확실히 디오티마에게 철학적 조언을 듣고 적용하니 효과가 더 있는 것 같았다. 그는 점점 자신에게 도움이 되지 않는 태도를 버리고 긍정적인 사고 습관을 갖게 되었다.

　그가 한 발짝 물러나 자기 상황을 바라보게 하는 데는 확실히 철학이 도움이 된 듯하다. 지금까지 그를 버겁게 만들었던 것들 중 일부를 덜어냈고, 깊이 빠져서 헤어나지 못했던 자기연민에서도 해방되었으니까. 균형 잡힌 건강한 식단을 따르고 좋은 공기를 마시며 하루에 한 번씩 운동한 결과, 몸도 꽤 건강해졌다고 한다. 규칙적인 호흡 훈련을 통해 세포에 산소를 더 많이 공급하고 림프 활동을 자극하자 몸과 마음 모두 눈에 띠

게 회복되었다. 철학적인 사고가 심신에 미치는 긍정적인 영향에 그는 다소 놀랐고, 기뻐했다. 전에는 생각해보지 못한 발전이었을 테다. 디오티마와 그가 나눈 면담에서 들은 다음 격언들은 내 삶에도 많은 영향을 끼쳤다.

"모든 병은 안타깝다. 그러나 현명한 사람은
언제고 병에 걸릴 수 있다는 사실을 알고 있다."

고대 이집트 격언

"그대의 병은 하늘에서 내린 것도 아니고,
사람이 준 것도, 망령이 준 것도 아니다.
그대가 생명을 얻어 신체의 형상을 갖췄을 때
함께 생겨난 것이다."

열자

"몸이든 마음이든 어느 한쪽이 고통을 느끼면 다른 한쪽도
함께 고통을 느낀다. 몸과 마음에서 일어나는 일은
서로 무관하지 않기 때문에 영향을 주고받는 데도
자유로울 수가 없다. 주요 신체 조직에 생긴 염증은
마음을 괴롭게 만들며, 분노, 슬픔, 공포와 같은
마음의 문제 역시 몸에 직접적인 영향을 미친다."

히에로클레스

"인생 전체에 대해 정신적으로 집중하는 것은 건강에 좋다."

황제

"육체가 있는 곳에 고통과 죽음이 있다."

부처

"육신은 무상함의 껍데기다. 육신과 자기 자신을 동일시하지 말라."

샹카라

"고통스러운 것은 육체가 있기 때문이다."

노자

"흘러가는 구름과도 같은 육체에 몸을 맡길지어다."

잇큐 소준

"독창성, 영리함, 지혜를 가진 이는
그전까지 오랫동안 곤궁과 비참함 속에서 산 사람이다."

맹자

"고통 없는 기쁨은 없고, 기쁨 없는 고통도 없다.
마치 동전의 양면 같도다."

소크라테스

"사람이 하는 모든 일에 몸이 쓰인다.
몸이 가장 덜 쓰이는 것처럼 보이는 생각하는 때에도
몸이 건강하지 않으면 잘못된 생각의 흐름에 빠질 수 있다."

소크라테스

4장

스토아 철학이 말하는
12가지 인생의 법칙

"철학을 설명하려 들지 말고
나의 일부가 되게 하라."

— 에픽테토스

❖ 이번 장의 내용은 앞부분과 일부 겹친다. 겹치는 부분은 현명한 인생을 꾸려가는 방식과 그 철학적 근거가 많은 사람의 삶과 깊이 관련 있는 내용이라고 보면 된다. 인생은 단일하면서도 유기적인 통합체이고 그 안에는 서로 맞물리고 의존하는 요소가 셀 수 없이 많다. 이번 장에서 이야기할 성공적인 삶을 위한 가치, 태도, 원칙 등은 각 사람의 내면에서 서로 긴밀하게 연결되어 있고 서로 겹치기도 한다. 예를 들어 자기 인식과 자기다움은 본질적으로 서로에게 영향을 주는, 좋은 삶을 살기 위한 중요한 원칙들이다. 즉, 자기다움을 갖추려면 자기 자신을 잘 알아야 하고, 자기 인식을 하려면 자기다움을 찾아야 하는 식이다.

이 장에서 소개하는 원칙들은 모두 스토아 철학을 기반으로 한다. 대부분의 고대 철학이 그렇듯 좋은 삶을 살기 위한 지혜로운 원칙들이다. 이 원칙들은 동서양을 막론하고 여러 세대에 걸쳐 축적된 지혜의 정수이며, 세상이 어떻게 바뀌어도 보편적으로 적용할 수 있는, 결코 사라지지 않을 인류의 문화유산이다.

법칙 1. 걸음을 멈춰라

성공적인 삶으로 향하는 첫 번째 단계는 주기적으로 잠시 멈추는 것이다. 다람쥐 쳇바퀴에서 뛰기를 멈추고, 잰걸음을 멈추고, 자기 자신에게 정신을 모으고, 자기 내면에 집중하며 자기 인생을 깊이 들여다보는 시간을 갖는 것이다. 내 기분은 어떠한가? 나를 힘들게 하거나 벗어나고 싶은 부정적인 감정, 갈등, 부담감은 없는가? 더 추구해야 하고 더 많은 시간을 들여야 하는 부분이 있는가? 아직 내게 남아 있는 좋은 관계가 있는가? 나 자신다움을 가지고 있는가? 나 자신에게로 향하는 길 위에 서 있는가? 내가 원하는 대로, 나답게, 충족되는 느낌으로 살아가고 있는가? 이런 질문을 하고 생각을 하기 위해서는 일상에서 주기적으로 시간을 들여 차분히 자기 자신을 성찰해야 한다. 일상에서 자기발견을 하는 시간은 메마른 사막에서 오아시스를 발견하는 일과 마찬가지다.

법칙 2. 내면의 정원을 가꿔라

행복과 불행은 외부 조건이나 그것과의 관계에 있는 것이 아니라 자신의 마음과 생각에 달려 있다. 내면의 힘의 균형을 맞추고 자기 자신을 이해하면 언제나 밝고 평안할 것이고, 그런 기분 상태에 적응하면서 점점 깊은 행복을 얻을 것이며, 그렇게 얻은 행복은 지속 가능한 안녕, 삶에 대한 안정적인 만족감으로 이어진다. 각자는 자기 마음의 정원을 가꾸는 정원사다. 날마다 자신의 정원을 가꿔야 한다. 행복은 정원에서 피워내는 열매와 꽃이다. 삶의 올바른 가치를 인식하고, 내면화하고, 그걸 추구하면서 살아가야 한다.

법칙 3. 너 자신을 알라

자기 자신을 잘 아는 사람은 무엇이 자신에게 장기적으로 좋은지, 무엇이 좋지 않은지 안다. 자기의 약점과 결함에 눈을 감아서는 안 된다. 타고난 재능을 알아채고, 그걸 개발해서 쌓아나가야 한다. 또 심적 상태, 생각, 행동, 감정, 의지에 영향을 주는 외부의 영향이 무엇인지도 알아야 한다. **자기기만이 최악이다. 자기 자신을 잘 들여다보고, 그 이면을 통찰하자.** 이것이 바로 자기 자신의 주인이 되는 방법이다.

법칙 4. 마음을 훈련하라

습관을 바꾸지 않으면 아무것도 바꿀 수 없다. 자기 성찰을 하는 이유는 부정적인 감정을 없애고, 삶에서 기쁨을 찾고, 내 중심에 더 가까워지기 위해서다. 나 자신에게 장기적으로 무엇이 좋은지에 대한 통찰을 얻은 후, 그에 걸맞은 생각, 말, 행동, 의지를 가질 수 있도록 부지런히 연습하자. 그 모든 게 나의 내적 태도로 자리를 잡을 때 진정한 변화가 가능하다. 동시에 자신을 망가뜨리는 행동 패턴을 버려야 한다. 단계적으로 내면을 재정비하여 내 안에 이미 존재하는 긍정적인 기질을 개발하면 자기 인생에 책임질 수 있게 된다.

법칙 5. 자기다움을 찾아라

경험을 토대로 나다움을 찾자. 내가 누군지 아는 건 어렵지만, 나답지 않다는 느낌과 그런 기분을 느끼게 하는 원인을 찾아내는 건 생각보다 쉽다. 따라서 내 감정에 주목하고 내 안에서 발생하는 부정적인 감정과 그것에 영향을 미치는 외부 요인을 인식하고 제거해야 한다. 시행착오도 겪고 자기다움을 찾기 위한 새로운 길도 모색해야 하겠지만, 그러는 동안에도 잘못된 길로 들어설까 두려워할 필요는 없다. 그것 역시 배움의 과정이다. 자기다움을 찾아 일관되고 통합된 성격을 형성해야 한다. 매 순간 나다움의 핵심을 찾아야 한다. 나의 생각, 말, 의지, 행동은 서로 조화를 이루고 모순되지 않아야 한다. 그러고 나면 실제로 기분도 좋아지고 내면의 편안함도 느낄 수 있다.

법칙 6. **타인의 결점을 이해하라**

다른 사람들에게 화내지 않고 짜증 내지 않는 법을 배워야 한다. 모든 사람에게 약점이 있고 누구나 잘못을 하며, 그러므로 누구도 다른 사람을 함부로 판단하거나 평가하면 안 된다. 나를 힘들게 하는 사람일지라도 마찬가지다. 겉으로 드러난 그 사람의 행동, 말, 의도, 태도가 아니라 그 안에 내재한 것에 관한 얘기다. 자기가 원해서 지금의 모습이 된 사람은 아무도 없다. 우리는 모두 다양한 경험, 사건, 환경에 따라 형성된 대로 살아가는 운명의 희생자들이다. 누군가의 기나긴 인생 스토리를 다 듣는다면 그 사람에게 왜 그런 성격적 결함이 생겼는지 이해하게 되고 조금 더 쉽게 그를 용서할 수 있게 될 것이다.

자기의 약점을 극복하지 못했고 극복할 수도 없는 사람들은 나를 힘들게 하겠지만, 그 누구도 나에게 상처를 줄 수 없다고 선언하라. 나를 향한 어떤 공격도 그 근거가 내 안에 있지 않음을 명확히 인식하라. **상대방의 상처 받은 자기애와 자만을 내 문제로 끌어들일 필요가 없다.** 이 생각과 마음가짐을 연습하면 다른 사람에게 짜증 내고 분노하고 화내는 걸 멈출 수 있다. 강인한 사람은 누구에게도 모욕당하지 않는다.

법칙 7. 베풂으로써 느끼는 행복을 인지하라

좋은 인간관계는 성공적인 삶에 없어서는 안 되는 요소다. 평화로운 공존과 상호 이해를 이루기 위해 노력하라. 사실관계나 의견을 두고 벌이는 논쟁은 괜찮지만, 그게 서로에 대한 인격적인 공격으로 번지지 않도록 주의하라. 사실과 주장을 혼동하는 경우가 많으니 두 가지를 잘 구분해야 한다. 개인적인 공격이 들어간 논쟁도 내가 계속 거부하면 휘말리지 않을 수 있다. 불필요한 다툼을 피하는 건 결국 나 자신에게 달려 있다. 사람들은 보통 늘 타인을 배려하고, 선한 일을 행하고, 이타적이며, 도움을 필요로 하는 사람에게 손길을 내민다. 그리고 타인의 행복에 기여할 때 행복을 느낀다. 먼저 베풀고 다른 이가 행복해하는 모습에 나도 행복을 느끼고 있음을 인지해보자.

법칙 8. 사람들에게 먼저 다가가라

자비, 친절, 존중, 호기심, 애정을 가지고 사람들을 만나라. 어색하거나 껄끄러운 사람들과도 대화를 나누고 그들에게 관심을 두다 보면 어딘가 공감되는 면이 있음을 알게 된다. 부정적인 감정을 피하고 가능한 한 평화롭게 다른 사람들과 더불어 생활하자. 나에게 썩 호의적이지 않은 듯해 보이는 적들도 친절하게 다가가면 친구로 만들 수 있다. 관대함, 온유함, 용서도 연습한 만큼 는다. 다른 사람의 적대적인 행동과 표현을 촉발하는 부정적인 반응을 자제하자. 부정적인 감정은 아무 쓸모가 없다. 상대방의 행위나 표현을 무조건 수용하라는 뜻이 아니다. 상대방이 잘못된 행동을 하면 비판할 수도 있다. 다만 기본 바탕에는 호의와 애정을 품고 있어야 그런 비판마저도 다른 사람에게 긍정적인 영향을 미치고 그 영향이 나에게까지 돌아올 수 있다는 뜻이다. 평화로운 사람만이 평화를 이룰 수 있다.

법칙 9. 운명을 스스로 조각하라

행복을 외부의 것, 외부 사람, 외부 환경에 떠맡기지 마라. 행복을 내 안에서 찾아야 외부에서 일어나는 모든 변수로부터 독립할 수 있게 된다. 내면의 평온함과 균형을 가져야 어떤 운명이든 받아들이고 극복할 수 있다. 내면에 용기와 관용이 있어야 피할 수 없는 고통마저 견뎌낼 수 있다. 우리는 모든 상황에서 최선을 다하면 된다. 어떤 일이든 우리에게 배움의 기회를 제공한다. 그 일 자체가 좋았든 나빴든 상관없이, 모든 건 그걸 내가 어떻게 처리했느냐에 달려 있다. 외부의 것, 외부의 사람, 외부의 환경 자체가 아니라 그것을 바라보는 나의 시선과 그것을 활용하는 나의 태도에 따라 많은 것이 달라진다는 얘기다. 내 성격이 내 삶의 방향을 결정한다. **나의 성격은 나의 운명이다. 모든 게 내 손 안에 있다.**

법칙 10. 죽음과 가까운 친구가 돼라

죽음과 친구가 되자. 이상하게 들릴지도 모르지만, 성공적인 삶을 바란다면 근본적으로 죽음과 친해져야 한다. 그래야 삶에서 마주하는 수많은 두려움도 극복할 수 있다. 모든 것이 왔다가 가는 인생의 무상함에 익숙해지자. 내가 가진 걸 선물이나 잠시 빌린 것으로 생각하고, 다시 내 손에서 내려놓아야 할 땐 슬퍼하지 않고 감사히 돌려주자. 내려놓는 법을 배운 사람들은 어떤 일이 벌어져도 편안한 상태를 유지한다. 더 이상 운명의 변덕에 화를 낼 필요도 없다. 인생의 무상함을 인지해야, 지금 가진 것을 즐기고 거기에 감사할 수 있다.

그러면 지금의 것이 소중해진다. 언젠가 나의 삶 역시 끝날 것임을 잠시도 잊지 말자. 죽음은 필연이며 나와 모두의 운명이자 삶의 일부다. 죽음이 있기에 살아 있는 시간을 즐길 수 있다. 죽음과 끝이 없다면 삶은 무미건조하고 지루할 테고 행복도 느낄 수 없을 것이다. 죽음이 있기에 일상의 행복을 누릴 수 있는 것이다. 감사함을 잊지 말고 죽음을 내 인생에서 반드시 만나야 할 친구로 받아들이자.

법칙 11. 내려놓고 놓아주어라

내려놓을 줄 알면 자유로워진다. 마음을 외부의 것들과 상황에 집착하도록 방치하지 말자. 누군가를 사랑하더라도 그 사랑 또한 끝날 수 있고, 나와 가까운 사람 역시 언제든 나에게서 멀어질 수 있음을 잊지 말아야 한다. 나만이 항상 나의 것이며 모든 외부 관계와 소유 관계는 언제라도 끝날 수 있다. 그렇더라도 삶은 계속되고 우리는 변함없이 행복을 추구해야 한다. 그러기 위해서는 내 안에서 행복을 찾아야 한다. 외부의 모든 것과 분리되는 내면의 독립성을 길러야 한다.

외적인 것도 우리에게 행복을 준다. 그건 사실이다. 하지만 언제든 외부의 것들이 기쁨을 주지 않을 때도 살아갈 준비가 되어 있어야 한다. 내려놓고 놓아주는 기술은 자족, 겸손, 겸허, 감사, 미덕으로 이어진다. 이것들이 없는 삶은 성공적이라고 볼 수 없다. 자기 자신의 내면에서 보호받는 느낌이 들어야 비로소 내려놓고 놓아줄 수 있기 때문이다. **내려놓을 줄 아는 사람은 자유롭고 독립적이다.**

법칙 12. 마음의 중심을 강화하라

마음의 정원을 소중히 가꾸고 돌보아 조화롭고 균형 잡힌 마음을 갖게 되면, 나의 중심은 무한한 행복을 만드는 에너지의 원천이 된다. 자존감과 자신감도 커지고 마음의 중심은 외부에서 공격한다고 한들 다칠 일이 없는 견고한 성이 된다. 우리는 그 안에서 휴식을 취하고, 자기다움으로 돌아가는 길을 찾고, 연료를 공급받고, 외부의 부담감과 집착에서 벗어날 수 있다. 일상의 문제와 곤경에서도 벗어날 수 있고, 회복의 시간도 가질 수 있다. 외부의 모든 것은 외부에 그대로 둬라. 진정성, 진실성, 마음의 평화, 내적 균형, 내적 일관성 같은 가치와 아예 엮이지 않게 하라. 내면의 성은 나를 회복하는 피난처여야 한다.

행복이 자연스럽게
흘러나올 때까지

이 책은 몇 가지 면에서 다른 책들과 다르다. 일정한 틀 안에서 스토리를 가지며 모든 내용이 대화 형식으로 논의된다. 대화 속에는 구체적인 삶의 문제를 기반으로 한 질문과 각 문제를 해결할 수 있는 고대 철학자들의 지혜로운 답이 담겨 있다.

　디오티마가 면담 중에 언급하는 고대 철학자들의 말을 하나하나 인용하고 입증하는 일은 생략했다. 디오티마가 조언하면서 건넨 말들 대부분은 고대 철학책을 찾아보면 다 확인할 수 있기 때문이다. 소크라테스, 에피쿠로스, 세네카, 마르쿠스 아우렐리우스 등 고대 그리스인과 로마인부터 공자, 노자, 맹자, 장자 등의 고대 중국인과 부처, 샹카라, 파탄잘리 등의 고대 인도인까지 다양한 현인들의 말에서 따온 것이다.

인용 원문을 찾는 독자라면『좋은 삶은 어떻게 살아야 하는 가?Wie lebe ich ein gutes Leben?』,『생각이 치유한다Denken heilt』,『인생 학습Leben lernen』,『방랑자의 행복Vom Glück des Wanderns』등 내가 이 전에 집필한 다른 책에서도 볼 수 있다. 이전 책에서도 지혜의 맥락과 철학적 내용을 일반 독자들이 이해할 수 있는 형태로 제시하고, 설명하고, 지금 시대에 맞게 적용했다.

이 책은 지난 몇 년간 우리 상담소에서 진행된 실제 상담 사례를 기반으로 집필했다. 실제 사례지만 익명성을 유지하기 위해 세부 사항이나 개인에 대한 묘사는 전부 수정했다. 내담 자들이 디오티마에게 한 질문은 상담에서뿐만 아니라 철학 여 행이나 세미나에서도 자주 들어온 말들이었다. 그래서 철학에 관해 하나도 모르는 사람들도 쉽게 이해할 수 있도록 쓰고 싶 었다. 이 책이 고대 철학에 대한 관심을 불러일으켜 대중들이 고대 철학을 좀 더 친근하게 느끼게 된다면 정말 기쁠 것 같다. 나는 고대 철학이 인간이 이룩한 문화유산 중 가장 큰 보물일 뿐 아니라 오늘날에도 일상에 적용하고 성공적인 삶을 꾸려나 가는 데 가장 유용한 도구라고 생각한다.

문화권을 막론하고 행복에 대한 가장 일반적인 정의는 마 음의 평온, 마음의 평화, 태연함, 내면의 균형 같은 것이다. 순 간적이고 우연히 느끼는 행복('운이 좋았다')이 아니라 인간이 라면 누구나 갈망하는 영구적인 마음 상태('나는 행복하다')인 것이다. 그만큼 사람들은 삶에 대한 높은 수준의 만족감, 일관 성, 깊은 마음의 평온 등을 바란다. 이 책을 통해 자기 자신과 타인, 운명을 더 잘 이해하고, 이로써 마음의 평화를 얻게 되길 바란다. 거기서부터 우리가 행복이라고 부르는 깊은 곳에서의 평온이 자연스레 흘러나올 것이다.

가마다 류오鎌田柳泓(1754~1821) 일본 에도시대의 유학자이자 의사.

고대 이집트 격언 이 책에 수록된 고대 이집트 격언은 기원전 2세기에 출간된 격언집인
『파피루스 인싱어』에서 인용한 것이다.

고바야시 잇사小林一茶(1763~1827) 일본 에도시대의 하이쿠 시인.

공자孔子(BC 551~BC 479) 중국 춘추시대의 철학자. 인(仁)을 강조한 유가사상의 창시자.

노자老子(BC 6세기) 중국 춘추시대의 철학자. 무위자연을 강조한 도가사상의 창시자.

데모크리토스Democritus(BC 460?~BC 370?) 원자론을 체계화한 고대 그리스 철학자.

도겐道元(1200~1253) 일본 가마쿠라시대의 선종 승려.

디오티마Diotima(BC 5세기) 플라톤의 『향연』에 등장하는 소크라테스의 스승. 허구의 인물
인지 실존 인물인지는 의견이 분분함.

로도스의 헤카톤 Hecato of Rhodes(BC 160?~BC 90?) 고대 그리스의 스토아 철학자.

마르쿠스 아우렐리우스 Marcus Aurelius(121~180) 로마제국의 16대 황제이자 후기 스토아학파
철학자.

맹자孟子(BC 372~BC 289) 공자의 사상을 보충하고 발전시킨 중국 전국시대의 철학자.

무소니우스 루푸스 Musonius Rufus(30~100) 고대 로마의 스토아 철학자. 에픽테토스의 스승.

밀레투스의 포킬리데스 Phocylides of Miletus(BC 6세기) 도덕관이나 교훈에 관한 격언시를 쓴 고
대 그리스 시인.

『바가바드기타』Bhagavad Gita(BC 3세기) 힌두교 3대 경전 중 하나로 꼽히는 철학서. 산스크리
트어로 '거룩한 자의 노래'라는 뜻.

부처Buddha(BC 563?~BC 483?) 불교를 창시한 고대 인도의 성자.

보리스테네스의 비온 Bion of Borysthenes(BC 335?~BC 245?) 고대 그리스의 견유학파 철학자.

샹카라Shankara(788~820) 브라만과 아트만이 둘이 아니라 하나임을 주창하여 힌두교의 주류 사상을 바꾼 인도 최고의 철학자.

세네카Lucius Annaeus Seneca(BC 4?~65) 로마의 정치가이자 웅변가. 후기 스토아학파 철학자.

소크라테스Socrates(470~399) 고대 그리스를 대표하는 철학자. 대화와 문답을 통해 상대가 스스로 깨우칠 수 있도록 유도하는 게 특징이다.

솔론Solon(BC 630?~BC 560?) 고대 그리스의 일곱 현인 중 하나로 꼽히는 정치가, 시인.

순자荀子(BC 298~BC 238) 중국 전국시대의 철학자. 맹자의 성선설에 대항하여 성악설을 주창했다.

시노페의 디오게네스 Diogenes of Sinope(BC 412~BC 323) 고대 그리스의 견유학파 철학자.

시바타 규오柴田鳩翁(1783~1849) 일본 에도시대의 유교 지도자.

아리스토텔레스Aristotle(BC 384~BC 322) 철학뿐 아니라 역사, 철학, 물리학, 문학 등 고대 그리스의 모든 지식과 사상을 집대성한 철학자.

아테네의 안티폰 Antiphon of Athens(BC 5세기) 아테네에서 활동한 소피스트. 람누스의 안티폰과 동일 인물인지 아닌지는 의견이 분분하다.

야마가 소코山鹿素行(1622~1685) 일본 에도시대를 대표하는 유학자이자 병학자.

야마모토 쓰네토모山本常朝(1659~1719) 일본 에도시대의 사무라이. 사무라이의 행동 강령을 정리한 『하가쿠레(葉隱)』의 저자로 잘 알려져 있다.

에피쿠로스Epicurus(BC 341~BC 270) 고대 그리스 철학자. 쾌락주의를 주창한 에피쿠로스학파의 창시자.

에픽테토스Epictetus(50~130) 노예 출신으로 마르쿠스 아우렐리우스가 평생 스승으로 흠모했던 후기 스토아학파 철학자.

인명 및 도서명

『예기禮記』 고대 유가 경전의 하나. 예법의 이론과 실제를 풀이한 책.

열자列子(BC 4세기) 중국 전국시대의 도가 사상가. 장자가 창조한 허구의 인물일 가능성이 높다.

요시다 겐코吉田兼好(1283~1352) 일본 남북조시대의 시인이자 불교 승려.

우메지 겐란梅路見鸞(1892~1951) 궁술, 검술, 서도, 하이쿠 등에 능했던 무사. 선과 궁술의 일체를 주창했다.

『우파니샤드Upanishad』(BC 3~8세기) 고대 인도의 철학 경전. 산스크리트어로 '사제 간에 가까이 앉음'이란 뜻을 지닌다.

이소크라테스Isocrates(BC 436~BC 338) 고대 그리스의 웅변가이자 수사학자. 아테네에 변론술 학교를 세웠다.

잇큐 소준 一休宗純(1394~1481) 일본 선불교의 승려이자 시인.

자쿠안 소타쿠寂庵宗澤(18세기?) 일본 선과 다도의 관계를 보여주는 중요한 책인 『젠차로쿠(禪茶錄)』의 저자.

장자莊子(BC 369~BC 289) 중국 전국시대의 철학자. 노자의 철학을 계승한 도가 사상가.

『주역周易(BC 2~3세기)』『역경』이라고도 불리는 유교의 경전 중 하나. 음양의 원리로 길흉의 점을 치고 천지만물의 변화를 설명한다.

크세노폰Xenophon(BC 426?~BC 354) 고대 그리스의 사상가이자 저술가. 소크라테스의 제자로 플라톤과 함께 공부했다.

키케로Marcus Tullius Cicero(BC 106~BC 43) 고대 로마의 변호사, 정치가, 작가, 연설가.

키티온의 제논Zeno of Citium(BC 334~BC 262) 고대 그리스 철학자. 스토아학파의 창시자.

타로스의 안티파트로스Antipater of Tarsus(BC 200?~BC 129?) 고대 그리스 스토아학파의 수장.

파탄잘리Patanjali(BC 2세기) 고대 인도의 힌두교 사상가. 요가의 근본경전인 『요가 수트라』
를 편찬했다.

푸블리우스 테렌티우스 아페르Terence(BC 185?~BC 159?) 고대 로마의 희극작가이자 시인.

플라톤Plato(BC 427?~BC 347?) 고대 그리스를 대표하는 철학자. 이데아론, 국가론 등 고대
서양철학의 정점으로 평가받는 이론을 제시했다.

플루타르코스Plutarch(46?~120?) '최후의 그리스인'으로 불리는 고대 로마의 철학자. 『영웅
전』을 비롯하여 250종에 달하는 방대한 저술 활동을 했다.

핀다로스Pindar(BC 518?~BC 438?) 고대 그리스의 서정 시인.

하야시 라잔林羅山(1583~1657) 일본 에도시대의 유학자.

헤시오도스Hesiod(BC 8세기) 호메로스와 어깨를 나란히 하는 고대 그리스의 대표적 서사
시인.

호메로스Homer(BC 8세기) 고대 그리스의 대표 시인. 현존하는 서양 최초의 문학작품인
『일리아스』와 『오디세이아』의 저자.

황제黃帝 중국 건국 신화에 나오는 제왕. 중국에서 문명의 창시자로 숭배받는다. 보통명
사 '황제(皇帝)'와는 다른 한자를 쓴다.

히에로클레스Hierocles(2세기) 고대 로마의 스토아 철학자.

옮긴이 최지수

영어 및 독일어 번역가. 한국외국어대학교 통번역대학원 국제회의통역전공 석사 과정을 졸업했다. 대기업과 공공기관에서 통역사로 일했으며, 경제, 법, 제약, 과학 등 다양한 분야의 문서를 번역했다. 현재 한국외국어대학교 통번역대학원에서 통번역학 박사 과정을 밟으며 출판번역 에이전시 글로하나에서 영미서와 독일서를 번역하고 있다. 옮긴 책으로는 『버블』, 『프렌드북 유출사건』 등이 있다.

나를 살리는 철학

초판 1쇄 발행 2021년 8월 6일
초판 4쇄 발행 2022년 2월 4일

지은이 알베르트 키츨러
옮긴이 최지수

편집 윤성훈
교정교열 신혜진
디자인 studioforb
표지 그림 박지영
마케팅 신동익
제작 (주)공간코퍼레이션

펴낸이 윤성훈 **펴낸곳** 클레이하우스(주)
출판등록 2021년 2월 2일 제2021-000015호
주소 경기도 파주시 회동길 480 B동 541호
전화 070-4285-4925 **팩스** 070-7966-4925 **이메일** books@clayhouse.kr

ISBN 979-11-973771-2-9 (03190)

클레이하우스(주)는 쓸모 있는 지식, 변화를 이끄는 감동, 함께 나누는 재미가 있는 책을 펴냅니다.
저희와 이런 가치를 함께 실현하길 원하는 분이라면 주저하지 마시고 이메일로 기획안과 원고를 보내주세요.